El libro *Una vida de bendición* del pastor Robert Morris queda dentro de los libros excepcionales de fe y esperanza. Lleno de humor y de ejemplos cotidianos, el pastor Robert se abre ante nosotros y nos ofrece detalles íntimos de sus fracasos y de sus triunfos. Este libro es para el que busca un reto espiritual. Es para el que quiere estirar su fe. Es para el que quiere esperar cosas grandes de Dios. Es para aquel que un día, como su servidor, le dijo a Dios: "¡Yo quiero TODO lo que tienes para mí!".

—Juan Hernández, Ph. D.
Autor de *The New American Pioneers* y
Presidente de HispanA-
The Organization for Hispanic Advancement
Fort Worth, Texas

Mi vida, la vida de mi esposa e hijos y la vida de la Iglesia Trigo y Miel Guanajuato, que pastoreo, han cambiado a partir de que llegó a nuestras manos el libro: *Una vida de bendición*. En el año 2006 lo compartimos con la iglesia y podemos decir que todo dio un giro total. Cambió nuestra forma de pensar y cambió nuestra forma de vivir. La asistencia en nuestra iglesia se ha duplicado en tres años; lo que no se había logrado en 13 años. De una reunión pasamos a dos reuniones los domingos y estamos por iniciar la tercera. Encontramos los secretos a través de la lectura de este hermoso libro y ahora estamos viviendo UNA VIDA DE BENDICIÓN.

—Carlos Silva Rivera
Pastor de la Iglesia Trigo y Miel Guanajuato
Guanajuato, GTO, México

Nuestro Ministerio Bet-El, judío mesiánico, ha sido enormemente bendecido a través del libro y del video *Una vida de bendición*. Siempre nuestras iglesias dieron más allá de sus recursos; pero aún así, el dar era un desafío de fe. Estas enseñanzas hicieron que nuestras ofrendas y diezmos aumentaran a ¡¡¡tres veces más de lo habitual!!! Le damos gracias a Dios por proveernos este material tan revelador y ungido.

—Jorge Oldstein
Pastor presiden͏   ´rica Latina

le Hashem
Argentina

Doy gracias a Dios por la obra que ha hecho en mi vida la información del libro *Una vida de bendición*. Realmente hemos visto la mano de Dios obrar en nuestras vidas y en nuestra congregación. Los cambios han sido maravillosos. Derribamos el edificio antiguo de la iglesia y construimos uno nuevo. También hemos empezado a construir casas para las familias de la congregación. Invito a los hermanos a que pongan estas prácticas y principios bíblicos en sus vidas ministeriales y personales.

—Oscar Sarabia
Pastor Iglesia El Calvario
Tegucigalpa, Honduras

Al leer y escuchar al pastor Robert Morris, descubrí lo que Dios hizo en la vida de él; y el Dios que le bendijo a él al dar, es el mismo Dios que tengo yo. Dios quiere bendecirme si soy obediente a su voz. El libro: *Una vida de bendición* sembró algo en mi corazón. Yo quiero hacer lo que Dios dice en Su Palabra acerca de bendecir a otros, sin esperar algo a cambio. Las enseñanzas en el libro me han ayudado a descubrir el poder que hay en bendecir a otros.

—Domingo Mejía Quino
Estudiante de Segundo Año de Bachillerato ILIO Chichicastenango,
Guatemala

Compartimos las enseñanzas del libro del pastor Morris a nuestros líderes y hermanos voluntarios. Juntos decidimos dar el diezmo de nuestro ministerio y los resultados han sido fabulosos; así como el Señor sabe hacerlo. Hemos visto ya los frutos de sembrar el principio de "primero lo primero" en la prosperidad de nuestra alma. La restauración de nuestras finanzas personales y ministeriales es un hecho hoy en día, así como tener la actitud correcta en nuestro corazón hacia el dar.

—Rolando Hurtado Ortiz
Pastor de la Iglesia Cristiana de la Familia
Director ejecutivo de la
Fundación Universidad de la Familia
Santa Cruz, Bolivia

Una vida de bendición

ROBERT MORRIS

CASA CREACIÓN
Para vivir la Palabra

Para vivir la Palabra

MANTÉNGANSE ALERTA;
PERMANEZCAN FIRMES EN LA FE;
SEAN VALIENTES Y FUERTES.
—1 CORINTIOS 16:13 (NVI)

 Una vida de bendición por Robert Morris
Publicado por Casa Creación
Miami, Florida
www.casacreacion.com
©2014-2021 Derechos reservados

Library of Congress Control Number: 2014943070
ISBN: 978-1-62998-268-7
E-book ISBN: 978-1-62998-277-9

Desarrollo editorial: *Grupo Nivel Uno, Inc.*
Apatación de diseño interior y portada: *Grupo Nivel Uno, Inc.*

Publicado originalmente en inglés bajo el título:
The Blessed Life by Robert Morris
© 2002 by Robert Morris
Published by Gateway Church,
2121 E. Southlake Blvd.
Southlake, Texas 76092

Publicado originalmente en español con el título: *Una vida llena de bendiciones.* Por Robert Morris. Gateway Church © 2002.

El apéndice fue adaptado de *Una vida llena de bendiciones: Guía de estudio* por Robert Morris. Gateway Church 2007.

Nota de la editorial: Aunque el autor hizo todo lo posible por proveer teléfonos y páginas de internet correctos al momento de la publicación de este libro, ni la editorial ni el autor se responsabilizan por errores o cambios que puedan surgir luego de haberse publicado.

Impreso en Colombia

23 24 25 26 27 LBS 9 8 7 6 5 4 3 2

CONTENIDO

PRÓLOGO

E L PRIMERO QUE se alegra que usted tenga este libro en sus manos es Aquél al que el autor de este libro hace alusión constantemente: El Señor Jesucristo. Fue Él quien dijo en Jeremías 29:11: "Porque yo sé muy bien los planes que tengo para ustedes—afirma el Señor—, planes de bienestar y no de calamidad, a fin de darles un futuro y una esperanza". Y conociendo de su incomparable bondad y misericordia, es fácil comprender que el Señor permitió que este ejemplar de *Una vida de bendición*, del pastor Robert Morris, esté en sus manos y sea leído por usted.

Sé que existen muchos libros, artículos, folletos, cursos, seminarios, conferencias o predicaciones sobre el tema de la prosperidad. Quizá usted ha leído algún material de esta índole. Sin embargo, deseo animarle a que reciba el contenido de este libro con una actitud de inocencia y credulidad semejante a la de un niño que todavía se asombra de las hazañas y grandezas que su padre es capaz de hacer.

Esta recomendación se la hago basada en las palabras que pronunciara nuestro Señor Jesucristo para que los adultos pudiéramos recibir el fruto de sus maravillosas promesas. Sus palabras están contenidas en el Evangelio según San Marcos 10:15 y en el de San Lucas 18:17 y dice así el Hijo de Dios: "Les aseguro que el que no reciba el reino de Dios como un niño, de ninguna manera entrará en él".

De eso se trata este libro: Del Reino de Dios y del Reino de los cielos aquí en la tierra. No pretende enseñarnos lo que nosotros podemos hacer para mejorar financieramente con nuestras propias fuerzas, con estrategias o con acciones individuales supuestamente inspiradas por Dios, pero motivadas por nuestro egoísmo o ambiciones humanas; pues eso podría enseñarlo cualquier hombre exitoso y triunfador, sin que sea un pastor. Tampoco va a encontrar las frases gastadas o tantas veces dichas por algunos comerciantes de la fe: "que si cualquiera hace lo que la Santa Biblia dice en tal o cual versículo con respecto al dar (para recibir), entonces cualquiera que haga lo que esto dice, seguramente recibirá…"

Lo que esa expectativa ha producido en millares de personas es el decepcionante resultado de que los creyentes dan, pero exclusivamente por el interés de recibir y de que se les devuelva "al treinta, al sesenta o al ciento por uno", en lugar de darle al Señor por amor y sólo por amor, como lo hizo aquella viuda de la que nos habló nuestro Señor Jesús en Lucas 21:1–4:

> "Levantando los ojos, vio a los ricos que echaban sus ofrendas en el arca de las ofrendas. Vio también a una viuda muy pobre que echaba allí dos blancas. Y dijo: En verdad os digo que esta viuda pobre echó más que todos, pues todos aquellos echaron para las ofrendas de Dios de lo que les sobra; pero esta, de su pobreza echó todo el sustento que tenía".
>
> —RVR1995

¡Oh, cuánto amor! ¡Suficiente para que los labios del Dios encarnado la elogiaran! Y aunque el texto no nos dice que ella fue bendecida por su Padre celestial, todas las Sagradas Escrituras gritan a viva voz que ella lo fue, pues Dios mira el corazón y no el valor de las ofrendas. Así es que, cuando "damos sólo para recibir", ciertamente no le agradamos a Dios porque la intención al fin y al cabo es nuestro interés personal y nada más, aunque digamos lo contrario.

En este libro no tendrá el riesgo de la desilusión de no recibir lo que esperaba de parte del Dios único y verdadero; al que nadie, jamás, ha sido capaz de manipular a través de las ofrendas. Muy por el contrario descubrirá, capítulo a capítulo, el enorme valor de las prioridades que Dios demanda de sus más sinceros hijos, hasta revelarnos su corazón. Si usted realiza esas prioridades, el autor nos demuestra cómo sólo Dios puede proveernos mucho más allá de todas las cosas que podamos imaginar; pues, está hablándonos de cómo depender de su reino y de su bondad.

Por tratarse pues de la prosperidad que Dios da y de Su voluntad para con sus hijos, el concepto de "mejorar sus finanzas" que usted leerá, resulta ser verdaderamente "garantizado", como bien lo dice la portada. Lo expreso así porque es cierto, porque lo creo. Personalmente, soy un testigo vivencial de los beneficios que este libro me ha producido. Si usted me lo permite, le diré sencillamente que cambió mi vida financiera.

Por eso, cuando se me solicitó escribir el prólogo sobre esta obra extraordinaria, me sentí honrado y muy agradecido al dárseme este privilegio. En primer lugar, como ya lo dije, porque Dios permitió que a través de este libro mi propia vida financiera fuera transformada en una auténtica vida llena de bendiciones. En segundo lugar, porque su originalidad y autenticidad producirán que cualquier persona nacida de nuevo, que tome la decisión de poner en práctica los principios de Dios explicados por el pastor Robert, obtenga el mismo resultado que me dio a mí; porque está escrito en las Sagradas Escrituras por lo menos en cinco ocasiones: *"Dios no hace acepción de personas"* (Hechos 10:34, RVR1995); Romanos 2:11; Gálatas 2:6; Efesios 6:9 y Colosenses 3:25).

Para la gloria de nuestro Señor Jesucristo he visto personalmente que ciertamente ésta ha sido la experiencia de más de un centenar de hermanos y hermanas en Cristo aquí en Guatemala, que por su cercanía conmigo me han expresado que después de creer a las enseñanzas bíblicas y las recomendaciones del pastor Robert, sus finanzas fueron muy bendecidas. Así que, si gracias a la obediencia de la revelación divina y a las impresionantes vivencias del escritor en su vida económica y en todas las áreas de su vida personal, familiar y eclesiástica, él decidió compartirnos sus inspiradoras experiencias, debemos estar agradecidos por lo que el Señor Jesús puso en su corazón.

Una vida de bendición es la valiosa realidad que ha experimentado su autor y miles de sus lectores, gracias a la divina voluntad de nuestro Señor Jesucristo. Su bendición plena y total, incluyendo la financiera, ha sido derramada y lo seguirá siendo para la gloria de su santo nombre, para bendición de nuestras vidas; incluyendo, seguramente, su vida.

—DR. LUIS FERNANDO SOLARES B.
Presidente y fundador de:
Ministerio de Motivación Cristiana,
Canal 27 de T.V. Radio Exclusiva,
Seminario Bíblico Teológico de Guatemala
y pastor de la Iglesia de
Jesucristo La Familia de Dios en Guatemala.
Presidente de la Junta Directiva COICOM 2008–2009.

AGRADECIMIENTOS

PRIMERO QUIERO RECONOCER y agradecer a Aquél, quien tocó el corazón de un joven rebelde en la habitación número 12 del Jake's Motel y lo salvó: nuestro Señor Jesucristo. Segundo, quiero agradecer a mi mejor amiga, Debbie—mi amada esposa—la que siempre está a mi lado, la que me apoya y quien es el mejor ejemplo de Cristo que he conocido. No podría ser ni hacer nada sin ti.

Gracias a mis maravillosos hijos: Josh, James y Elaine. Les amo con todo mi corazón, no importa lo que pase, por siempre y para siempre. Estoy orgulloso de cada uno de ustedes, viéndolos crecer en su fe y amor para el Señor Jesucristo.

Le doy las gracias a mis padres: Jeral y Rosalie Morris. Soy quien soy por la vida que vivieron ante mí. Las palabras en este libro son un reflejo de los principios que han vivido y que me enseñaron.

Gracias, James y Betty Robison, por amar, ayudar y alentar a Debbie y a mí por más de 20 años. Gracias también por animarme a escribir este libro para poder alcanzar a la mayor cantidad de personas como sea posible. Gracias por su ejemplo de devoción y por su corazón dispuesto a servir a Dios. Gracias por alimentar a los hambrientos del mundo; tanto física como espiritualmente.

Gracias, Jimmy y Karen Evans, por apoyar tan de lleno a Debbie y a mí, al igual que a todos los que formamos la iglesia Gateway Church. Ustedes han acelerado nuestro crecimiento e impacto. Nunca podremos agradecerles suficientemente la inversión que han hecho en nuestras vidas. Gracias por su ejemplo y amistad.

Gracias, Olen y Syble Griffing, por todo el tiempo que nos han dedicado y por enseñarnos muchos de los principios que nos guían. Gracias a su ejemplo adoraremos extravagantemente a Jesús para siempre.

Gracias, Steve y Melody Dulin, por su amor, apoyo y amistad. Ustedes son los dadores más grandes que conozco y compartirán con nosotros los frutos de este libro.

Gracias, George y Jan Grubbs, por su amistad tan cercana y aliento continuo. Su recompensa y su tesoro en el cielo serán engrandecidos.

Gracias, Rick y Cammi Patterson. No he conocido a dos personas que obedezcan a Dios más rápidamente o que deseen complacerlo más apasionadamente que ustedes.

Gracias, Jeff y Jenny Drott. Sin ustedes, Debbie y yo no podríamos hacer lo que hacemos. Ustedes son invaluables, tanto para nosotros como para la iglesia Gateway Church.

Gracias, Kevin y Lynda Grove. Para nosotros, su ejemplo y amistad significan más de lo que podríamos expresar.

Gracias, David y Tracy Holland. Gracias por haber escuchado lo que tengo en mi corazón y por ayudarme a expresarlo. No podría haberlo hecho sin ustedes.

Gracias, Brady y Pam Boyd, Thomas y Mary Miller, Preston y Holly Morrison, Marcus y Lexa Brecheen, Todd y Blynda Lane, Ken y Mary Jackson, Paul y Leda Rupert, Don y Judy Woodliff, Brandon y Karla Leathers, Mabrie Jackson, Frank y Terry Lugenheim, Harvey y Patty Cox, Stephen y Karen Andrada, Braxton y Lisa Corley y Jason Tam. Ustedes son el mejor equipo que un pastor pudiera pedir.

Gracias, iglesia Gateway Church. Nunca he visto a un grupo de personas más hambrientas por el Señor y más deseosas de recibir la Palabra y caminar en ella. Recibieron estas verdades y permitieron que Dios hiciera obras maravillosas en sus corazones, lo que ha sido impresionante presenciar. Ustedes son un ejemplo para los creyentes de todo el mundo. Todos los días le doy gracias a Dios por ustedes y por haberme escogido para ser su pastor.

Gracias a todos ustedes, reconozco que verdaderamente estoy viviendo ¡*Una vida de bendición*!

INTRODUCCIÓN

PUEDO DECIRLE CON confianza absoluta que Satanás no quiere que usted lea este libro. Indudablemente, el enemigo de su alma haría cualquier cosa para evitar que descubra los principios divinos que rigen la administración de sus recursos financieros y que también rigen el dar y el recibir. ¿Por qué? Porque una vez que lo haga, su vida se transformará para bien. Esto le traerá resultados financieros garantizados. Pero también hará algo más: impactará el Reino de Dios.

Si cada creyente entendiera y aplicara los principios sencillos que le voy a presentar, el mundo, literalmente, tendría un increíble despertar espiritual. Todo edificio que fuera necesitado por una iglesia se podría construir. Se podría enviar y suplir abundantemente a cada misionero que tuviese un llamado divino y un corazón ansioso por servir al Señor. El evangelio podría saturar cada cultura en este planeta.

Sí, conforme con la prosperidad del pueblo de Dios, el dinero llegaría al Reino; pero sucedería algo aún más importante, ¡los motivos de nuestro corazón cambiarían!

Por esta razón, me siento muy satisfecho (¡y el diablo no lo está!) que usted haya decidido leer este libro. A través de estas extraordinarias verdades, Dios hará una impresionante labor en su corazón. Lo cambiará para siempre y, se lo prometo, a usted le gustará.

Nadie nace con el don de dar. Todos nacemos deseando recibir. Llegamos a este mundo con una naturaleza pecadora y en el corazón de esa naturaleza hay una tendencia hacia el egoísmo.

En contraste, Dios es dadivoso. El versículo más conocido de
la Biblia nos dice:

> *Porque de tal manera amó Dios al mundo, que ha dado a*
> *su Hijo unigénito...*
>
> —Juan 3:16, RVR1995

Dios es más generoso de lo que podemos imaginar. Pero fue
el egoísmo y el orgullo lo que causó que Satanás fuera expulsa-
do del cielo.

Muchas personas en nuestra cultura entienden estas cosas
al revés. Ven a Dios como alguien avaricioso y al diablo como
alguien a quien le gusta hacer favores. Si usted tiende a con-
fundirse con este asunto, recuérdelo de esta manera: Dios y la
palabra dadivoso comienzan con la letra D. Satanás y la palabra
sinvergüenza comienzan con la letra S. ¡Esto le ayudará a que no
se confunda más!

Pero hablando en serio, estoy muy emocionado por usted. Está
a punto de comenzar una jornada de descubrimiento. Le puedo
decir, por experiencia personal, que no hay mayor aventura en
la Tierra que simplemente vivir la vida de generosidad y abundancia que está disponible para todo el pueblo de Dios; pero que
muy pocos se atreven a vivirla. Es una jornada con recompensa.
Es *Una vida de bendición*.

Continúe leyendo, ¡y permita que comience la aventura!

Capítulo 1
LA AVENTURA INESPERADA

A L ACERCARME A una pequeña gasolinera en Oklahoma, el odómetro de nuestra "experimentada" y usada camioneta Ford indicaba más de 208,000 kilómetros.

Transcurría el año 1984 y yo era un evangelista joven. En aquellos días, mi esposa Debbie y yo gustosamente manejábamos a cualquier lugar que me ofreciera una oportunidad para predicar. Ese día estábamos en un viaje en dos sentidos de la palabra. Sí, íbamos de camino a predicar el evangelio. Pero esta pequeña gasolinera también era una parada en una jornada de descubrimiento; una en la que habíamos comenzado casi un mes antes. Era una jornada, dirigida por el Espíritu Santo, que nos llevaría hacia el conocimiento del poder y el gozo de dar.

Cuando entré a la gasolinera para pagar por mi gasolina, la cajera me dijo: "Ya está pagado, cancelado".

"¿Disculpe?", le pregunté un poco confundido.

"Ya está pagado, su cuenta está cancelada", me repitió. "No me debe nada por la gasolina".

Ahora sí que estaba genuinamente confundido. Le pregunté: "¿Por qué?".

Y de una manera muy segura me dijo: "Cuando usted llegó, Dios me dijo que usted era un evangelista y que yo tenía que pagar por su gasolina. Por lo tanto ya está pagada. No debe nada". Con gratitud y todavía medio confundido, le agradecí calurosamente y seguí mi camino.

Esa parada fue un pequeño pero significativo evento, en esta jornada que mencioné. La idea que el Espíritu Santo le hablara a alguien y le dijera que diera, no era un concepto nuevo para mí. De hecho, este incidente era un ejemplo perfecto de lo que Dios había comenzado a hacer en el centro de mi ministerio y en mi caminar como cristiano.

El siguiente nivel

Como todo evangelista, mi ingreso provenía de los amables donativos que recibía de las iglesias en que predicaba. En aquellos años, mis ingresos de esas ofrendas podían ser unos $800 dólares una semana y $200 dólares la otra. Debbie y yo nunca sabíamos. Pero desde el principio de nuestro matrimonio, aprendimos a confiar en Dios en cuanto a nuestras finanzas. Dábamos nuestros diezmos diligentemente. Años atrás, Dios nos había hablado claramente sobre el principio del diezmo. Y desde que comenzamos a honrar al Señor dando la primera décima parte de todo lo que nos llegaba, habíamos visto que todas nuestras necesidades siempre quedaban cubiertas; algunas veces milagrosamente. Lo que no sabíamos era que Dios estaba a punto de llevarnos al siguiente nivel.

Como mencioné, aproximadamente un mes antes de la bendición sorpresiva en la gasolinera, Dios hizo algo increíble para llamar nuestra atención en lo que se refiere al dar.

Yo estaba programado para predicar en una iglesia, sólo una noche, y resulta que era la única predicación que tenía programada para todo el mes.

Desde el punto de vista financiero, eso significaba que era la única oportunidad que tenía de recibir un donativo en lugar de las cuatro, cinco o seis veces que usualmente tenía. A pesar que Debbie y yo habíamos crecido en nuestra capacidad de confiar en Dios, esto representaba un gran reto presupuestario.

Al finalizar el servicio, se pidió a los feligreses que dieran una ofrenda para ayudarme. Poco tiempo después el pastor se me acercó con un sobre.

Me dijo: "Robert, me agrada y me sorprende decirte que esta es la ofrenda más grande que jamás ha dado esta pequeña iglesia. Esta noche Dios te utilizó para bendecirnos, así que estoy muy contento de poder darte esto".

Cuando abrí el sobre, encontré un cheque por aproximadamente la misma cantidad de todo nuestro presupuesto mensual. En una sola reunión, Dios nos había dado milagrosamente lo que normalmente recaudaba en varias reuniones. Fue una verdadera lección para nosotros. Pero la lección no terminaría en ese momento.

Mientras estaba parado ahí, con el cheque en mi mano, y lleno de un sentimiento de gratitud y asombro, sucedió algo que cambió para siempre el curso y la calidad de mi vida.

Al comenzar el servicio, un misionero había dado un breve testimonio y había presentado un informe a la congregación. Ahora, al ver el santuario casi vacío, lo vi de nuevo. Al verlo, la inconfundible voz del Señor habló a mi corazón: *Quiero que le des la ofrenda que recibiste, toda.*

En un instante, pasé de la euforia a algo que se aproximaba al pánico. "¡Señor, esa no puede ser tu voz! Quiero decir...después de todo...yo...Tú...¡Tú acabas de hacer un milagro para cubrir nuestras necesidades!".

Una vez más llegó la instrucción, suave pero clara: *Quiero que le des la ofrenda.*

Como un niño que no quiere escuchar lo que su hermano está diciendo, quise ponerme los dedos en mis oídos y cantar: "¡La, la, la, la, la, la...! ¿Qué? ¡No te puedo oír!".

Dale toda la ofrenda. Confía en mí.

No pude quitar de mi mente lo que oía. Intenté racionalizar. Intenté negociar. Intenté rogar. La impresión sólo se hizo más fuerte.

Finalmente, saqué mi bandera blanca y dije: "Está bien Padre, confío en ti". Endosé el cheque, lo doblé por la mitad y me aseguré que nadie me miraba.

Acercándome al misionero, le dije algo como: "En verdad me gustó su testimonio de esta noche. Por favor, no se lo diga a nadie, pero me gustaría que esta ofrenda fuera suya. El cheque está a mi nombre, pero ya lo endosé". Luego le di el cheque y me alejé caminando.

Una hora más tarde, me encontraba sentado en una pizzería con aproximadamente 20 miembros de la iglesia frente a mí, estaba sentado un hombre muy bien vestido al que apenas conocía. (Nos habíamos encontrado, muy brevemente, en otra ocasión.) Después de un rato, el hombre se inclinó por encima de la mesa para hablarme, me miró a los ojos y me hizo una pregunta que me pareció atrevidamente personal: "¿Cuánto le dieron de ofrenda esta noche?". Naturalmente, su pregunta me turbó. ¡Jamás se me había hecho esa pregunta y mucho menos de una persona casi desconocida! Su audacia me tomó tan de imprevisto que no supe qué hacer sino contestarle. Le dije la cantidad de la ofrenda. Recuerdo haber deseado que ahí terminara la conversación. Pero no se acabó.

De la misma manera autoritaria me hizo otra pregunta: "¿Dónde está el cheque?". *¡Qué atrevimiento!*. Recuerdo haber pensado: *¿Qué querrá?*.

Obviamente yo ya no tenía el cheque, pero no se lo iba a decir. Así que, no estoy orgulloso de reconocerlo, pero este predicador mintió descaradamente.

"Bueno...mi esposa lo tiene", dije nerviosamente. Ella estaba sentada en el otro lado de la mesa; digamos a una distancia considerable de nosotros. Pensé: *¿Podemos cambiar de tema ya?*.

"Vaya y pídaselo. Quiero verlo". ¡El hombre era implacable! Sin saber que más hacer, me levanté con el pretexto de preguntarle a mi esposa por el cheque. Me incliné hacia su oído y le dije: "¿Cómo está tu pizza?". "Buena", me contestó, mirándome con cara de asombro. Entre dientes le respondí: "Excelente, me da gusto saberlo. Sólo estaba asegurándome". Y regresé a mi asiento en la otra parte de la mesa.

Entonces mis oídos escucharon otra mentira que salía de mi boca. "Debbie lo dejó en el auto", dije intentando dar la impresión que el auto estaba muy, muy lejos de donde estábamos. (En ese momento, no sólo intentaba cubrir el hecho que había regalado el cheque entero, sino también que el predicador que había pasado la noche diciendo que Jesús era el camino, la verdad y la vida, acababa de ¡mentir!)

Mientras unas gotas de sudor comenzaron a cubrir mi cara, el caballero se inclinó sobre la mesa quedando incómodamente cerca de mí. "Robert...el cheque no está en el auto", declaró en voz baja.

"¿Cómo sabe usted eso?", respondí intentando aparecer un poco ofendido.

"Porque Dios me lo dijo y me dijo algo más".

En ese momento el hombre me dijo unas palabras que, desde entonces, han resonado en mi mente.

"Dios está a punto de enseñarte acerca del don de dar, para que puedas enseñarlo al Cuerpo de Cristo". Al decir esto deslizó un papel doblado sobre la mesa. Era un cheque. La cantidad—exacta hasta el último centavo—era diez veces la cantidad que yo había regalado una hora antes.

Diez veces. Incluyendo los centavos.

Esa fue la noche en que comenzó esta aventura.

Maravillas de provisión

"Dios quiere enseñarte acerca del don de dar, para que puedas enseñarlo al Cuerpo de Cristo". Esas palabras se mantuvieron presentes en nuestras mentes durante los sorprendentes meses que siguieron. Debbie y yo estábamos abiertos a cualquier cosa que Dios quisiera enseñarnos. Como resultado, vimos a Dios hacer maravillas de provisión una y otra vez.

Algunas veces, Dios nos pedía que confiáramos en Él y que diéramos. Otras veces, Él usaba a otros para bendecirnos inesperadamente.

Por ejemplo, poco después de esa noche que cambió nuestras vidas, Debbie y yo estábamos en un estudio bíblico donde conversamos con una pareja que estaba a punto de salir en un viaje de misiones. Nos habían pedido que oráramos por ellos antes que se fueran. En particular, nos pidieron que oráramos por sus finanzas. "No tenemos todo el dinero que se necesita para hacer este viaje," nos dijeron. No mencionaron la cantidad que necesitaban pero, al orar, tuve la fuerte impresión de que eran unos $800 dólares.

En ese momento de nuestras vidas, $800 dólares parecían como una cantidad muy grande. Pero la teníamos, gracias a la increíble bendición que habíamos recibido en la pizzería.

Esa noche, después de la reunión, fuimos a nuestra camioneta y les escribimos un cheque. Los alcanzamos y se lo entregamos antes de que se fueran. Por cierto, era exactamente la cantidad que les hacía falta para hacer ese viaje de misiones. Sinceramente, fue la cosa más emocionante que yo había hecho en mi vida. Debbie y yo comenzamos a descubrir lo emocionante que es poder dar cuando Dios nos lo pedía.

Durante las siguientes semanas, tuvimos el encuentro en la gasolinera que les conté al principio de este capítulo.

Poco después, salimos a comer con una persona que acababa de comprar un auto nuevo. Todos nos fuimos en él al restaurante y comentábamos acerca de qué bonito era y del gusto que nos daba que lo hubiera comprado. Cuando regresamos a su casa nos dijo: "Ayúdame a sacar mis cosas del auto". Así que comencé a sacar sus cintas de música y otras cosas que él me indicó. Después de varios viajes le pregunté: "¿También quieres que saque la sombrilla? Y a propósito, ¿por qué quieres sacar todo del auto?". Su respuesta fue: "Porque te lo voy a regalar, pero necesito mi sombrilla". "¿Discúlpame?", le pregunté. Él repitió: "Te voy a dar el auto, Dios nos dijo que lo hiciéramos".

Naturalmente estábamos asombrados, agradecidos y emocionados. El auto era nuevo y valía más de ¡$25,000 dólares!

Por supuesto, esa bendición creó otra pregunta. Ahora que tenemos el auto nuevo, ¿qué íbamos a hacer con nuestra camioneta? No era que valía mucho pero todavía funcionaba y era un transporte confiable.

Después de orar, sentimos que el Señor nos mostraba que diéramos la camioneta a una familia que sabíamos que no tenía vehículo.

Así lo hicimos y casi inmediatamente, alguien que ni nos conocía nos regaló ¡otro vehículo! "Dios nos dijo", fue la ya familiar explicación. Después de más oraciones también regalamos ese vehículo. Pronto llegó otro auto para reemplazarlo. Y luego otro. Y otro.

Cada vez que nos daban un vehículo, lo regalábamos. Y cada vez, nos regalaban uno que tomaba su lugar.

En medio de esta secuencia asombrosa de los autos, Dios hizo algo que, al principio, nos confundió. En el caso de uno de los autos, nuestra oración para dirección nos trajo las siguientes instrucciones: *No regales este vehículo. Véndelo.*

Al principio no estábamos seguros de haber escuchado bien al Señor. Buscando confirmación, dijimos: "Señor, ¿en realidad quieres que vendamos este auto? Realmente hemos disfrutado regalando los otros".

La respuesta fue muy clara: *Sí, quiero que lo vendan. Quiero que lo vendan por $12,000 dólares.*

Ese fin de semana, estando en la iglesia, se me acercó un hombre. "Hola, Robert, ¿quieres vender ese auto?". Un poco sorprendido le dije: "Sí, de hecho, creo que es lo que debo hacer". Entonces él me contestó: "Creo que el Señor quiere que te dé $12,000 dólares por él. ¿Te parece aceptable?". Por supuesto, le vendí el auto.

La semana siguiente teníamos programado un viaje de misiones a Costa Rica, así que pusimos los $12,000 dólares en el banco, esperando instrucciones del Señor sobre qué hacer con ellos.

Pocos días después, nos encontrábamos en Costa Rica viajando en una camioneta muy vieja que era propiedad del misionero al que fuimos a apoyar. La camioneta estaba tan destartalada que yo estaba realmente preocupado por la posibilidad de que no llegásemos a nuestro destino.

Llegué a un punto en que le pregunté al misionero: "¿Por qué no se compra una camioneta nueva? ¡Creo que esta está a punto de pasar a una mejor vida en compañía del Señor!".

"¡De hecho, *estoy* a punto de comprarme un vehículo "nuevo!", contestó el misionero muy emocionado. "La semana anterior pasé frente a un lote de autos y el Señor me dijo que me detuviera. Allí, el Señor me señaló una camioneta y me dijo: "Quiero darte este vehículo, así que ora por ello". No sé cómo va a hacer el Señor para dármelo", continuó diciendo, "¡pero sé que lo hará!".

Sintiendo la mano de Dios, le pregunté: "¿Cuánto quieren por ella?". Me imagino que usted ya adivinó la respuesta: $12,000 dólares. Con gran gozo mi esposa y yo le escribimos el cheque por $12,000 dólares tan pronto llegamos a nuestra casa.

¿Ganarle a Dios en generosidad?

Durante esta extraordinaria temporada de generosidad, experimentamos bendiciones increíbles. Nuestros ingresos habían aumentado increíblemente. Parecía que cuanto más dábamos, Dios nos daba aún más. Era como si realmente estuviéramos viviendo el dicho: "No le puedes ganar a Dios en generosidad".

Durante el transcurso de esos 18 meses tuvimos el privilegio de regalar nueve autos y pudimos incrementar nuestras donaciones hasta un 70% de nuestro ingreso bruto. Encontramos que vivíamos más cómodamente con el 30% de nuestro sueldo que con el 90% que antes lo hacíamos.

Simplemente, encontrábamos las bendiciones de Dios dondequiera que íbamos. A la vuelta de cada esquina aprendíamos nuevas lecciones sobre el poder de dar dirigido por el Espíritu. Y justo cuando pensamos que habíamos llevado nuestro dar a extremos radicales, Dios nos pedía un poco más.

Por ejemplo, al final de ese período de 18 meses, el Señor nos habló acerca de regalar nuestros dos vehículos. Él nos dijo: "Quiero que regalen ambos vehículos. Yo les mostraré la pareja que quiero que los reciban. Además, también quiero que regalen su casa; y también quiero que tomen todo el dinero que tienen en su cuenta de banco y lo regalen". No es necesario decir que batallamos con esta súplica. Orábamos a Dios diciendo: "Señor, nos estás pidiendo que demos todo lo que poseemos. ¿Estás seguro que eso es lo que quieres? Y el Señor continuó diciendo: "Estoy seguro, muy seguro".

Así lo hicimos. Cuando el Señor nos mostraba a quien le teníamos que regalar un vehículo, se lo regalábamos. Regalamos todo el dinero de nuestras cuentas bancarias y escuchamos atentamente

> **USTED NO PUEDE GANARLE A DIOS EN GENEROSIDAD.**

para oír instrucciones de cómo íbamos a regalar nuestra casa. En nuestros corazones ya la habíamos regalado. Nos habíamos liberado de ella totalmente. Solamente teníamos que saber a qué familia debíamos entregarle las llaves y las escrituras.

Allí estábamos, sin medio de transporte y sin un dólar para comprar un vehículo. Mientras estaba sentado en mi casa (la cual ya no consideraba mía), tengo que admitirlo, tenía pensamientos de la carne.

También recuerdo haber pensado: "¡Ajá! Le gané. ¡Esta vez le gané a Dios en generosidad!".

Recuerdo haber tenido una franca y honesta conversación con Dios, diciendo: "Sabes Señor, creo que esta vez te gané. Sí, cada vez que regalamos un auto nos das otro. Sin embargo, esta vez ¡he donado mis dos autos y todo mi dinero! Creo que esta vez te gané en generosidad".

Mientras decía eso, sentí en mi corazón que el Señor me decía: ¿De veras?. En ese momento sonó el teléfono. La persona que estaba llamando era un hombre y me dijo: "Robert, Dios me ha hablado acerca de ayudarte con tu medio de transporte". (Usted tiene que saber que, además de los que recibieron nuestros autos, ninguna persona en este mundo sabía lo que Debbie y yo habíamos hecho. Este hombre no sabía que habíamos regalado nuestros autos.)

Mi primer pensamiento fue: *Bueno, es una bendición. Este hombre nos va a dar un auto.* Asumí que el patrón que se había repetido tantas veces estaba a punto de volverse a dar. También tengo que admitir que pensé: *Bueno Señor, aún si él nos da un auto, el hecho es que nosotros regalamos dos autos, todo nuestro dinero y en efecto, también nuestra casa. Así es que todavía te vamos ganando.*

SER BENDECIDO SIGNIFICA TENER UN PODER SOBRENATURAL TRABAJANDO PARA USTED.

Entonces le pregunté al hombre en el teléfono: "¿Qué es lo que el Señor te dijo que hicieras?". Me contestó: "Me dijo que te comprara un avión". Me quedé mudo.

El hombre continuó diciendo: "De hecho, hoy compré el avión; y lo tengo estacionado en el aeropuerto; y yo voy a pagar por el hangar; y yo voy a pagar por el combustible; y yo voy a pagar por el seguro y el mantenimiento del avión; y además, contraté a un piloto. Yo le pagaré el sueldo, así que cada vez que necesites ir a algún lugar, sólo llámalo para que te lleve. ¡Yo me haré cargo de todos los gastos!".

Mientras estaba allí, tartamudeando y pasmado, escuché la suave voz del Señor susurrando en mi espíritu: *"Te gané"*.

Mi amigo, usted no le puede ganar a Dios en generosidad. Dios ofrece los únicos resultados financieros verdaderamente garantizados que hay en el mundo. Sin embargo, hay principios que debemos seguir para experimentar las más grandes recompensas de Dios. Esas son las claves para vivir una vida llena de bendiciones.

¿Bendición o maldición?

Antes de continuar, probablemente debo definir algunos términos. ¿Qué quiero decir con una "vida llena de bendiciones"? ¿Cómo se puede distinguir una vida llena de bendiciones?

"Ser bendecido" significa que hay un poder sobrenatural actuando en su favor. En contraste, ser "maldecido" significa que hay un poder sobrenatural actuando en su contra.

Los días de una persona bendecida están llenos de "coincidencias" divinas y de un significado celestial. Un hombre bendecido puede ser o no ser rico de acuerdo con las normas del mundo, pero disfruta de una calidad de vida que la mayoría de los billonarios envidiarían.

En cuatro ocasiones diferentes, en el libro de Deuteronomio, Dios dice que bendecirá todo lo que hacen aquellos que le obedecen (Deuteronomio 14:29, 15:10, 23:20, 28:8–12). Así es la vida llena de bendiciones. Todo lo que uno hace le sale bien.

Las bendiciones llegan a cada área de la vida de la persona; salud, relaciones, trabajo, familia, emociones y pensamientos.

¿Le suena bien? Entonces continúe leyendo. Está a punto de descubrir cómo vivir una vida llena de bendiciones.

Capítulo 2

DIOS DEBE SER PRIMERO

S EGURAMENTE HA ESCUCHADO este viejo dicho: Primero lo primero.

Hay una gran verdad bíblica en ese pequeño dicho. Pero, ¿qué es lo primero cuando se trata de vivir una vida llena de bendiciones? Bueno, considere lo siguiente: hay más de 500 versículos en la Biblia referentes a la oración y hay casi 500 versículos sobre la fe; pero hay más de 2,000 versículos acerca del dinero y las posesiones.

Jesús habló acerca del dinero en 16 de sus 38 parábolas. Es claro que desde el punto de vista de la Biblia, debemos entender el dinero y cómo manejarlo. ¿Por qué? Porque el dinero es una prueba que Dios nos pone por delante.

La forma en que usted maneja el dinero revela mucho acerca de sus prioridades, lealtades e intereses. De hecho, controla directamente las bendiciones que recibirá (o no recibirá) en su vida.

El primer principio que debe comprender acerca del don de dar es el de "los primeros frutos". También puede llamarse el principio de los primogénitos o del diezmo.

Francamente, demasiados cristianos están confundidos en lo que se refiere al diezmo y al principio de los primeros frutos. (Por favor continúe leyendo y no cambie la página pensando: "Yo ya he escuchado todo eso acerca del diezmo". Le aseguro que hay verdades que liberan en lo que le voy a presentar. ¡No se lo pierda!)

Sacrificado o redimido

Encontramos un precedente financiero de importancia en el décimo tercer capítulo de Éxodo. En este pasaje, Dios dice:

> *Conságrame todo primogénito. Todo lo que abre la matriz entre los hijos de Israel, tanto de los hombres como de los animales, Mío es.*

—Éxodo 13:2, RVR1995

Aquí, Dios declara claramente que el primogénito es suyo. Le pertenece. De hecho, encontrará a Dios declarando que el primogénito es suyo ¡16 veces en las Escrituras! Por ejemplo, Éxodo 13:12–13 dice:

> *Dedicarás al SEÑOR todo primer nacido de la matriz. También, todo primer nacido del ganado que poseas; los machos pertenecen al SEÑOR. Pero todo primer nacido de asno, lo redimirás con un cordero; mas si no lo redimes, quebrarás su cerviz; y todo primogénito de hombre de entre tus hijos, lo redimirás.*

—LBLA

Es esencial que entienda algo acerca del principio de primogenitura. De acuerdo a la ley del Antiguo Testamento, los primogénitos se sacrificaban o se redimían. No había una tercera opción.

JESÚS FUE EL DIEZMO DE DIOS.

Cada vez que los animales de su ganado tenían su primera cría, usted tenía que sacrificarlo, o si se le designaba "impuro", usted tenía que redimirlo con un cordero puro, sin mancha. Resumiendo, el primogénito "puro" tenía que ser sacrificado y el "impuro" tenía que ser redimido.

Con esto en mente, considere el pasaje del Nuevo Testamento, donde Juan el Bautista se encuentra con Jesús a las orillas del río Jordán.

Un día Juan estaba bautizando y al levantar la vista, vio a Jesús caminando hacia él. En ese momento, Juan exclamó: "He aquí el Cordero de Dios, que quita el pecado del mundo" (Juan 1:29, RVR1995).

Con esa declaración inspirada, Juan definió perfectamente el papel que Jesús había venido a desempeñar. Jesús era el primogénito de Dios. Jesús era puro; perfecto y sin mancha en todo. Por otro lado, todos y cada uno de nosotros hemos nacido imperfectos. Todos nacemos pecadores y con una naturaleza pecadora totalmente activa.

Ahora piense en el principio del primogénito en Éxodo. Recuerde, la ley decía que si el animal primogénito era puro debía ser sacrificado. Pero si era impuro debía ser redimido por un animal puro.

¿Puede ver el paralelismo simbólico? Jesucristo era el primogénito de Dios y Él nació "puro". Él era un cordero puro y sin mancha. Pero todos nosotros nacimos "impuros"; por lo cual, Jesús fue sacrificado para redimirnos.

Cuando Jesús nos redimió con su sacrificio, Él nos compró para Dios. Él fue, literalmente, una ofrenda de primeros frutos. En un sentido muy real, Jesús fue el diezmo de Dios.

Dios, en fe, dio su diezmo (Jesús) antes que creyéramos. Note que Dios nos lo dio antes de que creyéramos:

> *Pero Dios muestra su amor para con nosotros, en que siendo aún pecadores, Cristo murió por nosotros.*
> —ROMANOS 5:8, RVR1995

De la misma manera, nosotros tenemos que darle la ofrenda de nuestros primeros frutos-nuestro diezmo. Antes que veamos las bendiciones de Dios, se lo damos en fe.

Dios entregó a Jesús en fe, "para que Él sea el primogénito entre muchos hermanos" (Romanos 8:29, RVR95). En este sentido, Jesús es el diezmo de Dios. Dios entregó primero a Jesús, a pesar que nosotros éramos pecadores; aún cuando nos burlábamos y le escupíamos la cara mientras Él moría.

Dios no esperó a ver si primero cambiaríamos o si nos arrepentiríamos con el fin de que fuéramos dignos. Dios ya conocía el principio de "primero lo primero".

¿Alguna vez se ha puesto a pensar cómo es que Dios, durante la última plaga que se describe en el libro de Éxodo, podía justificar el haber tomado las vidas de los primogénitos de Egipto? Muy sencillo, es porque los primogénitos le pertenecen a Dios. ¡Dios tenía el derecho legal de tomar a cada primogénito, porque cada uno de ellos en Egipto y en Israel le pertenecía!

Pero los primogénitos en Israel no murieron esa noche, ¿verdad? ¿Por qué no? Porque se sacrificó un cordero para redimirlos. ¡En su lugar se sacrificó un cordero perfecto y sin mancha!

Recordará que Dios le dio instrucciones a Moisés que aplicara la sangre del cordero sacrificado en los postes de las puertas de cada casa. Tenían que aplicar la sangre en el dintel (la tabla superior, encima de la puerta) y en los dos postes (los lados del marco de la puerta). Vea Éxodo 12:7.

Imagínese parado afuera de una de esas puertas, mojando una rama de hisopo en la sangre del cordero. Véase aplicando la sangre, primero en el lado izquierdo del marco de la puerta, luego en el lado derecho y entonces alcanzando hacia arriba para aplicarlo en la mitad del dintel para que la sangre goteara hacia abajo.

¿Se dio cuenta que, al seguir esos pasos, creó la figura de una cruz con la sangre? ¡Los israelitas fueron salvados por la sangre del cordero en la forma de una cruz! Y es precisamente así como nosotros fuimos salvados. Dios nos ha redimido de la misma manera; entregando a su primogénito en sacrificio.

El principio de los primeros frutos es muy, muy poderoso. He oído decir que cada primera cosa que se da nunca se pierde y que cada primera cosa que no se da siempre se pierde. En otras palabras, lo que le damos a Dios no lo perdemos, porque Él lo redime para nosotros. Pero si se lo negamos, lo perderemos. Jesús hizo eco de este principio cuando dijo:

Porque todo el que quiera salvar su vida, la perderá; y todo
el que pierda su vida por causa de mí, la hallará.

—MATEO 16:25, RVR1995

Como puede ver, lo primero le pertenece a Dios. Podemos
encontrar este principio desde el inicio hasta el final de la Palabra
de Dios. Podemos darle a Dios las primicias de nuestro tiempo
y podemos darle las primicias de nuestras finanzas. Eso es realmente lo que significa diezmar; darle lo primero a Dios. Estamos
diciendo: "Señor, primero voy a darte los diezmos y confío en que
redimirás el resto".

En otras palabras, cuando nace el primer cordero de un rebaño,
no se sabe cuántas crías más podrá tener esa oveja. Sin embargo,
Dios no dijo: "Deja que tu oveja tenga nueve crías y entonces me
das la próxima". No, Dios dice: "Dame la primera".

Siempre se requiere fe para dar lo primero. Es por eso que muy
pocos cristianos experimentan las bendiciones de dar el diezmo. Esto
quiere decir que hay que darle a Dios antes de saber si va o no a tener
suficiente. Al dar nuestro diezmo, es como si le dijéramos a Dios:
"Primero te reconozco a Ti. Te estoy poniendo primero en mi vida y
confío en que tú te encargarás del resto de las cosas en mi vida".

Es por eso que el diezmar es tan importante. Es la manera principal de reconocer que Dios es primero en nuestras vidas.

La primera porción es la que redime. En otras palabras, cuando
la primera porción es dada a Dios, todo lo demás queda redimido.
De igual manera, al ir a la iglesia al comienzo de la semana es una
manera de darle al Señor lo primero de nuestro tiempo.

Es triste ver cómo algunas personas ven el lunes como el comienzo de su semana. Ellos piensan lo siguiente: "Tengo que comenzar
bien la semana. Tengo que negociar un trato para depositar dinero en el banco". Así, ellos dan las primicias de su semana al dinero.

Otras personas piensan que su semana comienza el viernes.
Dicen: "Este fin de semana sí que me voy a ir de fiesta y voy a
pasar un buen rato". Estas personas dan las primicias de su tiempo a la recreación.

Como pueblo de Dios, debemos darle la primera parte de nuestra semana a Jesús. La razón por la que la Iglesia del Nuevo Testamento se reunía el domingo era porque celebraban la resurrección de nuestro Señor Jesucristo. Ellos daban las primicias de su tiempo a la adoración a Dios.

Las primicias de lo primero

No sólo el primogénito le pertenece a Dios, sino también los primeros frutos. En Éxodo 23 leemos:

> Llevarás a la casa del Señor tu Dios lo mejor de tus primicias.
>
> —v. 19

Este versículo va aún más allá y dice que lo que Dios quiere son las primicias de los primeros frutos. Esto quiere decir que lo último de los primeros frutos no es aceptable. No es la décima parte de los primeros frutos, es la primera porción de sus primeros frutos. Leamos ese versículo de nuevo:

> *Llevarás a la casa del Señor tu Dios lo mejor de tus primicias.*
>
> —v. 19

Fíjese que las escrituras designan a "la casa del Señor tu Dios" como el lugar apropiado para dar los primeros frutos. No dice que hay que dárselos a un ministerio que aparece en la televisión, aunque creo firmemente en apoyar a los ministerios respetables que usan medios de comunicación. No dice que le dé los primeros frutos a un misionero, aunque el apoyar misiones es algo cercano al corazón de Dios (¡y del mío!). No dice que le dé los primeros frutos donde usted quiera. Dice: "(Lo) llevarás a la casa del Señor tu Dios".

Siempre debemos dar primero a la casa de Dios. Es un aspecto del principio de los primeros frutos que necesitamos entender. Por eso Proverbios 3:9–10 dice:

Honra al Señor con tus riquezas y con los primeros frutos
de tus cosechas. Así tus graneros se llenarán a reventar y tus
bodegas rebosarán de vino nuevo.

Como sugiere este pasaje, diezmar a la casa del Señor implica honrar al Señor con nuestras posesiones y con los primeros frutos de todas nuestras ganancias.

En los tiempos del Antiguo Testamento, la mayoría de las personas eran campesinos. Ellos sembraban y criaban animales para vivir. Las "ganancias" venían cuando cosechaban y con la reproducción de su ganado. Hoy usted puede ser un banquero, o un abogado, o un maestro, o un albañil. Sus ganancias vienen de acuerdo a su profesión.

No importa la manera en que lo consiga, la Biblia deja claro que tenemos que honrar al Señor con las primicias de todas nuestras ganancias. Cuando hacemos las cosas de acuerdo a estos versículos, "nuestros graneros serán colmados (llenados) con abundancia y nuestros lagares (bodegas) rebosarán" (v. 10).

¿Recuerda la narración del libro de Josué acerca de la caída de Jericó? Recordará que el Señor les dio instrucciones estrictas a los israelitas que no se quedaran con el botín de Jericó. El Señor declaró que todo eso le pertenecía.

¿Por qué dijo el Señor que todo el oro y la plata de Jericó había que darlo a la casa de Dios? Porque era la primera ciudad que conquistaban en la Tierra Prometida. Eran los primeros frutos. Dios estaba diciendo: "Traigan todo el oro y la plata de Jericó a Mi casa y entonces ustedes pueden tener el resto". Él no dijo: "Conquisten diez ciudades y denme los despojos de la décima". Esencialmente, lo que Dios dijo fue: "Primero me dan a mí y ustedes pueden quedarse con el resto". Por supuesto que eso requirió fe; y dar el diezmo también lo requiere.

También recordará que uno de los israelitas ignoró las instrucciones claras de Dios. Se les dijo a los israelitas que el oro y la plata estaban consagrados para el Señor (Josué 6:19). Sin embargo, un hombre llamado Acán tomó algo para sí mismo y la Biblia nos dice que eso ocasionó que hubiera una maldición sobre Israel (Josué 7:1–26). Piense en ello. Cuando el botín fue entregado a Dios, estaban "consagrados" o separados para Su casa; pero después que un hombre tomó algo para sí mismo, entonces maldijo los esfuerzos de Israel para tomar la Tierra Prometida. Consagrado o maldito. Esto es exactamente lo que es el diezmo, del principio al final de la Biblia. El diezmo debe ser consagrado al Señor y para la casa de Señor. Pero si lo tomamos para nosotros, entonces se vuelve maldito, porque es robado. En el capítulo tres de Malaquías, queda bien claro que si nos quedamos con el diezmo estamos robándole a Dios. Qué impactante es pensar que uno puede estar robándole a Dios y por lo tanto, ¡bajo una maldición!

> ¿Acaso roba el hombre a Dios? ¡Ustedes me han robado! Y todavía preguntan: "¿En qué te hemos robado?" En los diezmos y en las ofrendas. Ustedes-la nación entera-están bajo gran maldición, pues es a Mí a quien están robando.
>
> —Malaquías 3:8–9

Me sorprende la cantidad de gente que intenta ignorar esta escritura o explicarla de otra manera. Algunos dicen: "Bueno, eso está en el Antiguo Testamento". Pero en el mismo capítulo, un poco más adelante, Dios dice: "Porque yo, el Señor, no cambio" (v. 6). Hemos visto que el Señor dice claramente: "El primogénito me pertenece" y "los primeros frutos son míos".

También acabamos de oírlo decir que el diezmo le pertenece (vea Malaquías 3:8–9).

He aquí mi pregunta para aquellos que sostienen que el principio del diezmo ya no es vigente. Si Dios declara: "Yo no cambio" (Malaquías 3:6), entonces, ¿cuándo es que supuestamente cambiaron las cosas? ¿Cuándo cambió Dios?

El diezmo, el primogénito y los primeros frutos, todos le pertenecen a Dios. ¡Esto no es una ley! ¡Es un principio incambiable establecido por un Dios incambiable!

Muchas personas dicen: "Bueno, el diezmo existía cuando estábamos bajo la Ley, así que no tengo que hacerlo. Estamos bajo la gracia, ahora". Esas personas necesitan saber que hay muchas cosas que se definían bajo la Ley que continúan siendo principios de Dios.

¿Le creería a alguien que afirmara que porque el adulterio estaba prohibido bajo la Ley, ahora es aceptable porque vivimos bajo la gracia?

¿LE CREERÍA A ALGUIEN QUE AFIRMARA, QUE PORQUE EL ADULTERIO ESTABA PROHIBIDO BAJO LA LEY, AHORA ES ACEPTABLE PORQUE VIVIMOS BAJO LA GRACIA?

¿Aceptaría un argumento que dijera que porque el robo estaba prohibido por la ley del Antiguo Testamento, que ahora se acepta bajo el Nuevo Pacto de gracia? Claro que no.

En la Palabra de Dios hay principios eternos y dar el diezmo es claramente uno de ellos. Es un principio que va desde el Génesis hasta el Apocalipsis.

El diezmo le pertenece a Dios. Los primogénitos le pertenecen a Dios y los primeros frutos le pertenecen a Dios.

A través de mi vida como evangelista y pastor, me ha sorprendido la consistencia de los testimonios sobre el diezmo. En más de 20 años en el ministerio, cada persona que da el diezmo me ha compartido el mismo testimonio. Cada persona que no lo da, también, pero diferente al testimonio de los que diezman. (Y tenga en mente la exhortación bíblica de decidir todo asunto por la boca de dos o tres testigos [2 Corintios 13:1]).

Sin excepción, las personas que diezman dicen: "Dios me ha bendecido". Todos dan testimonio que Dios los está bendiciendo. En contraste, cada persona que conozco que no diezma me dice: "No tengo lo suficiente para diezmar".

Ahora, quiero que piense acerca de estos testimonios y de las dos clases de personas de quienes provienen: todos los que diezman dicen que son bendecidos y los que no, dicen que no tienen dinero para darlo.

Me imagino que hasta Cantinflas podría encontrar un patrón en esto. Probablemente diría: "No soy un hombre inteligente, pero voy a dar mi diezmo. Eso es todo lo que tengo que decir al respecto".

Respeto por Abel

Los principios del diezmo, del primogénito y de los primeros frutos son bíblicos y eternos. El alinear o ajustar su vida y sus acciones de acuerdo a ellos no puede más que traerle bendiciones.

Hay un excelente ejemplo al respecto en el Capítulo 4 de Génesis:

> *Tiempo después, Caín presentó al Señor una ofrenda del fruto de la tierra. Abel también presentó al Señor lo mejor de su rebaño, es decir, los primogénitos con su grasa. Y el Señor miró con agrado a Abel y a su ofrenda, pero no miró así a Caín ni a su ofrenda. Por eso Caín se enfureció y andaba cabizbajo.*
>
> —GÉNESIS 4:3–5

Por años, muchos se han preguntado: "¿Por qué el Señor miró con agrado a Abel y su ofrenda y no a Caín y la suya?". La palabra de Dios deja muy claro que la ofrenda de Abel era el "primogénito" de sus rebaños. Pero no dice que Caín trajo los "primeros frutos" de su cosecha.

Note que el pasaje de arriba dice: "Tiempo después..." En otras palabras, Caín dejó que creciera lo que había sembrado y "tiempo después", regresó para traer la ofrenda al Señor. Esto implica que Caín no ofrendó sus primeros frutos al Señor. ¿Podría ser esa la razón por la que a Dios no le agradó la ofrenda de Caín? Yo creo que sí.

Abel, por lo contrario, trajo el primogénito de su rebaño y Dios aceptó su ofrenda.

Hay una lección para nosotros en todo esto. Cuando damos algo, Dios está viendo nuestros corazones. Y cuando damos lo primero de nuestros primeros frutos, o nuestro diezmo, Dios recibe y respeta esa ofrenda. El diezmo es nuestro primer fruto. ¡El diezmo tiene que ser lo primero! La Biblia es muy clara al respecto:

El diezmo de todo producto del campo, ya sea grano de los sembrados o fruto de los árboles, pertenece al Señor, pues está consagrado.

—Levítico 27:30

Así como el primogénito y los primeros frutos le pertenecen a Dios, el diezmo también le pertenece. Y al igual que los otros dos, el diezmo también debe ser lo primero. Tal como lo declara el verso anterior: "Y el diezmo…es del Señor…".

Una vez escuché a Mike Hayes, Pastor de la iglesia Covenant Church en Carrolton, Texas, utilizar un excelente ejemplo respecto a esta verdad.

Si yo tuviera diez billetes de un dólar para hacer una donación, e hiciera dos preguntas acerca de esos diez dólares, creo que la mayoría de los cristianos contestarían correctamente la primera, pero dudarían de su respuesta a la segunda.

Imagínese que le he dado diez billetes de un dólar y los he puesto sobre una mesa frente a usted. Bueno, mi primera pregunta es: "¿Cuánto es el diezmo de ese dinero?". Creo que todos contestarían correctamente. Obviamente el diezmo de diez dólares es un dólar. He aquí la pregunta más difícil: "¿Cuál de los diez billetes es el diezmo?". Usted podría contestar: "Obviamente el primero". Pero: "¿Cuál es el primero? ¿El de la derecha o el de la izquierda?".

Imagínese que recibe su sueldo un jueves e inmediatamente paga todas sus cuentas pendientes. Luego compra las provisiones y luego, el domingo, escribe su cheque de su diezmo antes de ir a la iglesia. ¿Ha dado el diezmo con lo primero de su ingreso? No. ¿Es posible dar un 10% completo y que aún así no estemos dando el diezmo de acuerdo al principio de Dios? Absolutamente.

Para entenderlo volvamos al ejemplo de los diez billetes de un dólar. ¿Cuál billete es el del diezmo? Déjeme decirle cómo decidirlo. El diezmo es lo primero que se gasta o que se da. El primer dinero que gasta representa sus primeros frutos. En otras palabras, cuando reciba su sueldo, el primer cheque que escriba o el primer dinero que asigne debe ser el del diezmo.

¿Es realmente un acto de fe dar el 10% después de pagar todas sus cuentas? ¿Qué podemos decir de nuestras prioridades si primero le pagamos a todos los demás y entonces vemos si nos sobra para darle su parte a Dios?

La primera parte que gastamos debe ser el diezmo. Esa parte es "los primeros frutos" de acuerdo a Éxodo 13; y esa primera parte tiene el poder de redimir el resto. Ésta es la esencia del mensaje de Pablo en Romanos 11:16:

Si las primicias son santas, también lo es la masa restante;
y si la raíz es santa, también lo son las ramas.

—RVR1995

Hay tantas bendiciones que acompañan el diezmar, pero es el principio de poner primero a Dios y el principio de la fe lo que inicia las bendiciones. Estos son los detonadores.

La primera porción es la que redime al resto. La primera porción lleva consigo las bendiciones. Es por eso que usted no quiere darle la primera porción a su compañía de hipoteca. Desafortunadamente, parece que muchos cristianos le temen más a la Agencia de Impuestos y a su hipotecario que a Dios.

Otra manera de decirlo es que los respetamos a ellos más que a Dios. El que diezma dice: "Sí, yo sé que aquí tengo un montón de cuentas por pagar, pero primero le voy a dar a Dios y luego voy a confiar en que Él bendecirá el resto del dinero". Había mucho más que dinero para perder cuando Abraham ofreció a Isaac, su hijo primogénito. Notará que Abraham no esperó a ver si tenía diez hijos antes de dar su primogénito. Tampoco Dios, sabiendo que Abraham sólo tenía a Isaac, no le dijo: "Cuando tengas 4 ó 5 hijos más voy a pedirte que me des uno de ellos".

No, ¡Dios le pidió el primero, cuando era todo que lo que tenía! Abraham sólo tenía la promesa de tener más hijos. Ofrecer a Isaac requirió mucha fe de Abraham. Y es precisamente fe lo que el diezmo requiere. Es darle a Dios lo primero, en fe.

Cuando Dios pedía el cordero primogénito, se lo tenían que dar en fe, teniendo solamente la promesa y la esperanza de que la madre tendría más corderillos. Mucha gente dice que pone a Dios en primer lugar, pero al dar el diezmo es cuando se comprueba si es cierto. Es entonces cuando hacemos lo que decimos.

Si usted me dice que Dios es primero en su vida, déjeme ver lo que dice su chequera. Entonces veremos quién es realmente primero en su vida. ¿Dirá que la compañía de hipotecas es lo primero en su vida? ¿Dirá que el banco que le está financiando su auto tiene el lugar más alto en la lista de sus prioridades?

¿O será un testimonio claro de que Dios es primero?

Cuando Satanás se le acerca para darle temor y le dice: "Te vas a quedar sin un centavo, tu matrimonio va a fracasar, te vas a enfermar", usted puede contestarle con firmeza: "No. Yo doy el diezmo y en la Biblia dice que Dios va a reprender al devorador por mi bien. Sí, ¡por mi bien! ¡Dios es primero en mi vida y Él va a redimir y proteger todo lo que tengo!".

¿Preferiría ir por la vida con el 100% de sus ingresos, a pesar de que todo ello fuera maldito? ¿O preferiría intentar vivir con el 90%, el cual estaría bendito, redimido y protegido por Dios?

Aparentemente, esta es una pregunta que muchos cristianos se deben hacer. Recientemente escuché a un pastor compartiendo las siguientes estadísticas alarmantes:

En 1998, los cristianos en el mundo ganaron aproximadamente unos 15.2 billones de dólares. La cantidad total que se donó a todas las causas relacionadas con el ministerio, incluyendo iglesias, misiones, etc., fueron unos 270 mil millones de dólares. Si hace el cálculo, descubrirá que el porcentaje que se dio fue solamente el 1.8%.

Lo primero que pensé al ver estas estadísticas fue que el porcentaje era bajo porque incluía a los países pobres del mundo. Entonces vi los números de los Estados Unidos solamente. En 1998, el Cuerpo de Cristo en los Estados Unidos se ganó aproximadamente unos 5.2 billones de dólares y la cantidad total que se donó fueron unos 92 mil millones. El porcentaje es el 1.7%. Piénselo un poco. El pueblo de Dios en los Estados Unidos, con tanta abundancia de bendiciones que tiene, sólo dio 1.7 % de su ingreso a la causa de Cristo. Sin embargo, el porcentaje para todo el mundo fue 1.8%. ¡En los Estados Unidos estamos dando menos que en los países pobres del mundo![1]

Por favor, tenga en mente que no estoy proclamando la verdad acerca del diezmo porque Dios necesita dinero; le estoy presentando estas verdades por *su* bien. Dios no necesita que dé; usted necesita las bendiciones de Dios.

Se me rompe el corazón por el Cuerpo de Cristo, por nuestra falta de entendimiento en estos principios y por nuestra falta de caminar en las bendiciones de Dios. El corazón se me rompe porque una gran parte del Cuerpo de Cuerpo vive bajo una maldición como resultado directo de robarle a Dios. Yo aconsejo a mucha gente que está luchando con problemas en su matrimonio y conflictos en sus hogares, por esta razón. No entienden que el primogénito, los primeros frutos y el diezmo le pertenecen a Dios. En 1 Corintios, capítulo 16 podemos leer:

Ahora quiero hablarles acerca del dinero que van a dar para ayudar a los del pueblo de Dios en Jerusalén. Hagan lo mismo que les dije a las iglesias de la región de Galacia. Es decir, que cada domingo, cada uno de ustedes debe apartar y guardar algo de dinero, según lo que haya ganado. De este modo no tendrán que recogerlo cuando yo vaya a verlos.

—vers. 1–2, BLS

Pablo nos está diciendo que debemos dar cada semana, el primer día de la semana, conforme prosperamos. Debemos dar en proporción directa a la cantidad que se "haya ganado", o sea, que debemos darle a Dios en proporción directa a la cantidad de ingresos que recibamos.

Fíjese también que Pablo quería que cuando él llegara no tendrían que recoger ofrendas (v. 2). En otras palabras: que no haya ofrendas especiales. Espero ver el día en el que las iglesias no tengan que hacer ventas o eventos especiales para recaudar fondos porque cada miembro está dando su diezmo.

Claro, la razón por la que las iglesias tienen tantos eventos para recaudar fondos es porque sólo 1.7% de nuestro ingreso se le da a Dios.

DIOS NO NECESITA QUE DÉ; USTED NECESITA LAS BENDICIONES DE DIOS.

¡Imagínese lo que el pueblo de Dios podría lograr si su gente diera el primer 10% de sus ingresos, para que el 90% restante fuera redimido y bendecido! ¡Imagínese todo lo que podrían alcanzar los planes y propósitos de Dios, si la Iglesia despertara a las bendiciones que son resultado de tener la fe de dar los primeros frutos!

¡Si tan sólo el pueblo de Dios lo pusiera a Él en el primer lugar en sus vidas!

Transferir el principio de generación en generación

Quiero terminar este capítulo donde comenzó; en el capítulo 13 de Éxodo. Comenzamos con los versículos 12 y 13. Examinemos ahora los siguientes dos versículos de este importante pasaje:

El día de mañana, cuando sus hijos les pregunten: "¿y esto qué significa?", les dirán: "El Señor, desplegando Su poder, nos sacó de Egipto, país donde fuimos esclavos. Cuando el faraón se empeñó en no dejarnos ir, el Señor les quitó la vida a todos los primogénitos de Egipto, tanto de hombres como de animales. Por eso le ofrecemos al Señor en sacrificio el primer macho que nace, y rescatamos a nuestros primogénito".

—Éxodo 13:14–15

Aquí Dios les está dando instrucciones a los israelitas sobre cómo pasar el principio del primogénito a las generaciones futuras. Está diciendo: "Cuando tu hijo te pregunte: '¿Por qué estamos sacrificando este cordero primogénito, papá?', deberás sentarlo en tu regazo y decirle: 'Hijo, déjame contarte acerca de cuando estábamos en Egipto. Déjame mostrarte las cicatrices en mi espalda. Déjame describir lo que es ser esclavo. Estábamos en cautiverio. Éramos esclavos, pero Dios nos liberó con su mano poderosa. Como Él nos liberó, este es el pacto sagrado que hemos hecho con Dios; mantenerlo en primer lugar en nuestras vidas. Por eso le damos felizmente lo primero de nuestras ganancias'".

Yo puedo decirle que esto ya se ha dado en mi familia. En un momento u otro de las vidas de mis hijos, cada uno se me ha acercado cuando estoy escribiendo el cheque del diezmo y me han preguntado si ellos pueden dar el cheque a la hora de la ofrenda. Invariablemente, cuando les doy el cheque y ven la cantidad, dicen algo como: "¡Papá, es muchísimo dinero! ¿Por qué damos tanto a la iglesia?".

Y he tenido la oportunidad de decirle a cada uno de mis hijos: "Mira, papá no siempre fue cristiano. No llegué a conocer a Cristo hasta que tuve 19 años y antes de conocerlo, mi vida era un desastre total. Déjame contarte lo que es estar en cautiverio —lo que es ser esclavo al pecado— pero Dios me liberó con su mano poderosa. Por eso, le doy felizmente a Dios lo primero de todas las bendiciones que Él nos da; pero no lo hago porque es un deber o de manera compulsiva. No. Doy mi diezmo felizmente porque quiero que Él sepa que Él es el primero en mi vida. Y porque damos lo primero al Señor, Él nos bendice, nos protege y cubre nuestras necesidades".

Nosotros tenemos que vivir estas verdades y hacérselas saber a nuestros hijos.

Una vida llena de bendiciones comienza con un entendimiento claro y aceptando el principio del primogénito, los primeros frutos y el diezmo. Sin este entendimiento, es imposible avanzar hacia grandes aventuras que Dios tiene preparadas para aquellos que lo ponen a Él en primer lugar.

Capítulo 3

VIDA, NO LEY

DAR EL DIEZMO es vida, no ley. Siento la necesidad de afirmar esto otra vez, por la fuerte dosis de verdad que presenté en el capítulo anterior. A través de los años me he encontrado con muchos cristianos, bien intencionados pero mal dirigidos, que reaccionan al mensaje acerca del diezmo diciendo que ellos no lo dan porque "dar el diezmo es parte de la Ley".

De todo corazón, quiero que entienda algo: para mí, dar el diezmo no es "Ley", ¡es vida!

Permítame decirlo de nuevo, yo no doy el diezmo porque era parte de la Ley del Antiguo Testamento; lo doy porque es vida para mi familia y para mí. Además, como empezamos a ver en el capítulo anterior, es un principio que recorre toda la Palabra de Dios. De hecho, es un principio que antecede por miles de años a la ley de Moisés.

Este principio del diezmo (o de los primeros frutos o los primogénitos) ya existía cuando se le pidió a Abraham que ofreciera a Isaac, y también cuando él le dio a Melquisedec (una representación de Jesucristo) una décima parte del botín de guerra (vea Génesis 14:18–20 y Hebreos 5–7).

Vemos este principio por primera vez en los capítulos iniciales de Génesis, cuando vemos que la ofrenda de Abel fue aceptada y la de Caín, rechazada. ¡Y en cierto sentido, lo vemos por primera vez antes que esto! Podemos ver el principio del diezmo en las instrucciones que Dios les dio a Adán y a Eva acerca de los árboles en el Jardín del Edén:

*Tomó, pues, el Señor Dios al hombre y lo puso en el huer-
to del Edén, para que lo labrara y lo guardase. Y mandó el
Señor Dios al hombre, diciendo: "De todo árbol del huerto
podrás comer, pero del árbol de la ciencia del bien y del mal
no comerás; porque el día que comas, ciertamente morirás".*

—Génesis 2:15–17

Note que al dar a Adán y a Eva la administración del Jardín,
Dios les dio "todo" árbol para comer, con excepción de uno.
Administrar fielmente el Jardín significaba no tocar ese árbol.
No podían tomar su fruto para ellos mismos y consumirlo. Ser
administradores fieles significaba vida para Adán y Eva. Pero al
decidir comer el fruto de ese árbol, actuaron como *dueños* en
lugar de *administradores*.

"NO MATARÁS" ERA PARTE DE LA LEY. PERO AHORA, NO ESTOY BAJO LA LEY. ESTOY BAJO LA GRACIA.

¿No es precisamente esa la manera como el principio del diezmo opera para nosotros? Dios nos da una responsabilidad administrativa sobre nuestras vidas. A través de ello, todo le pertenece, y Él nos da todas las cosas en abundancia para que las disfrutemos (vea 1 Timoteo 6:17). Pero Él nos ha pedido que no toquemos los primeros frutos. "El diezmo y los primeros frutos son míos", dice el Señor.

Demostramos nuestra fiel administración—le mostramos a Dios que nos damos cuenta que somos administradores y no dueños—cuando le damos el diezmo.

Como se demuestra en los ejemplos anteriores, el diezmo va más allá de la ley del Antiguo Testamento. Pero esto no nos debe sor prender, porque así también lo hacen muchos otros principios eternos.

Imagínese lo que pasaría si un domingo por la mañana usted visitara la iglesia donde pastoreo y mientras predico, me viera—de repente—sacar una pistola y disparar a uno de los feligreses en la congregación. Qué tal si, cuando me preguntaran: "¿Por qué hizo eso? La Biblia dice: 'No matarás'". Mi respuesta fuera:

"Bueno, 'no matarás' era parte de la Ley. Yo no estoy bajo la Ley. Estoy bajo la gracia".

¿Qué pensaría usted acerca de esa respuesta? Probablemente me diría que el respeto a la vida humana y el no cometer asesinatos son principios que transcurren a través de la Biblia.

Estoy usando un ejemplo algo ridículo para hacer resaltar algo muy importante. Sólo porque algo se mencionó en la Ley de Moisés, no quiere decir que ahora podamos desecharlo.

Déjeme referirme a este punto de otra manera. ¿Si algo estaba mal bajo la Ley, puede estar bien bajo la gracia? En otras palabras, ¿si el matar era incorrecto bajo la Ley, puede estar correcto ahora bajo la gracia? Claro que no.

Ahora, déjeme hacer la pregunta de otra manera. ¿Si algo estaba mal bajo la Ley, puede estar bien bajo la gracia? Específicamente, dar el diezmo claramente era correcto bajo la Ley. El Antiguo Testamento lo deja muy claro. ¿Pero es incorrecto bajo la gracia? Claro que no.

No podemos rechazar ninguno de los principios vitales que hay en la Palabra de Dios, y dar el diezmo es un principio que se menciona a lo largo de todas las Escrituras. Lo que la mayoría de los cristianos falla en comprender es que dar el diezmo es una prueba.

Aprobar la prueba

En Mateo 6:21, encontramos las palabras familiares: "Porque donde esté su tesoro, allí estará también su corazón".

Quiero que se dé cuenta que no dice que donde esté su corazón, allí estará también su tesoro (aunque muchos se refieren al versículo como si lo dijera). Básicamente dice que su corazón sigue a su tesoro. Esta es la razón por la cual el dar el diezmo representa una prueba para todo cristiano. Continúe leyendo y verá lo que quiero decir.

La palabra que en la Biblia se ha traducido como diezmo, literalmente quiere decir "décimo"[1] o "una décima parte".[2] ¿Y sabe usted lo que el número diez representa a través de la Biblia? Representa *prueba*.

Permítame darle algunos ejemplos. ¿Cuántas plagas hubo en Egipto? En otras palabras, ¿cuántas veces probó Dios al corazón del Faraón? La respuesta es diez. ¿Cuántos mandamientos hay? En otras palabras, ¿de cuántas maneras se prueba nuestra obediencia? La respuesta es diez. ¿Cuántas veces probó Dios a Israel mientras peregrinaban en el desierto? ¿Y cuántas veces probó Dios al corazón de Jacob (permitiendo que su salario cambiara) mientras trabajaba para Labán? O, ¿por cuántos días fue probado Daniel en el primer capítulo del libro de Daniel? En cada caso, por supuesto, la respuesta es diez. Este mismo patrón se repite en el Nuevo Testamento. En el capítulo 25 de Mateo, fueron diez las vírgenes que debían estar listas para cuando llegara el novio. En Apocalipsis 2:10 se mencionan diez días de pruebas. Y por supuesto, Jesús tenía diez discípulos. (En realidad, tenía doce; pero, esta vez ¡yo le estaba probando a usted!)

Lo que sí es cierto es que en la Biblia el número 10 está asociado con pruebas. Y el diezmo representa la máxima "prueba del corazón" del creyente. Pero, con mayor importancia, el diezmo es también la única área en la que los cristianos son invitados a probar a Dios:

Traigan el diezmo para los fondos del templo y así habrá alimento en mi casa. Pruébenme en esto—*dice el SEÑOR Todopoderoso—y vean si no abro las compuertas del cielo y derramo sobre ustedes bendición hasta que sobreabunde.*

—MALAQUÍAS 3:10, ÉNFASIS AÑADIDO

Recuerdo que tuve una conversación con Dios acerca de este pasaje. Le dije algo como: "Dios, ¿por qué pusiste esos versículos en el Antiguo Testamento? Sólo faltaron una o dos páginas para que estuvieran en el Nuevo Testamento. ¿No sabías que todos tratarían de decir que ya no son válidos?".

Como respuesta, sentí que Dios me habló al corazón y contestó: "Puse esos versículos exactamente donde Yo los quería. Ya verás que dar el diezmo es una prueba del corazón. Si yo los hubiera puesto en el Nuevo Testamento no sería tanta la prueba como lo debería ser". Y entonces el Señor me dijo: "Sin embargo, también incluí el versículo 6 para ustedes".

En ese momento recordé lo que el Señor dice en Malaquías 3:6. Como ya indiqué en el capítulo anterior, Dios dice: "Porque yo, el Señor, no cambio". Dar el diezmo es verdaderamente una prueba. La verdad de este pasaje me parece muy sencilla. Si doy el diezmo, soy bendecido. Si no diezmo, soy maldecido. Mmmmm, esa es una decisión difícil... déjeme pensarlo. Doy el diezmo recibo bendiciones... No diezmo, recibo maldiciones. ¿Bendiciones o maldiciones? Para mí, esa no es una decisión muy difícil de tomar.

DAR EL DIEZMO ES UNA VERDADERA PRUEBA.

¿Todavía está inseguro acerca de este asunto de dar el diezmo? Entonces, tómele la palabra a Dios en la oferta que nos hace en Malaquías 3:10. ¡Pruébelo!

> *Traigan el diezmo para los fondos del templo y así habrá alimento en mi casa.* Pruébenme en esto—*dice el SEÑOR Todopoderoso*—y vean si no abro las compuertas del cielo y derramo sobre ustedes bendición hasta que sobreabunde.
>
> —MALAQUÍAS 3:10, ÉNFASIS AÑADIDO

En otras palabras, Dios está diciendo: "Pruébame en esto, te reto". Lo está diciendo muy claramente.

Por eso quiero extenderle un desafío amistoso. ¡Haga la prueba! Comience a honrar diligentemente al Señor con sus primeros frutos, el diezmo y vea lo que pasa.

La obediencia y la maldición

En respuesta a estas enseñanzas, he escuchado que mucha gente dice: "Yo no creo en eso de las maldiciones. Como creyente yo no puedo tener ninguna maldición, porque Jesús pagó la maldición de la Ley en la cruz". Esto saca a relucir un asunto importante. Examinémoslo.

La Biblia afirma claramente que Jesús pagó por nuestros pecados, enfermedades, preocupaciones, dolores y vergüenzas en la
cruz. Es difícil leer el capítulo 53 de Isaías sin sentirnos maravi-
llados y llenos de asombro y gratitud por lo que hizo Jesús en la
cruz por nosotros.

También encontramos en el tercer capítulo de Gálatas un
maravilloso pasaje acerca del trabajo de redención que Jesús hizo
por nosotros:

> *Cristo nos redimió de la maldición de la Ley, haciéndose
> maldición por nosotros (pues está escrito: "Maldito todo el
> que es colgado en un madero"), para que en Cristo Jesús la
> bendición de Abraham alcanzara a los gentiles, a fin de que
> por la fe recibiéramos la promesa del Espíritu.*
> —Gálatas 3:13–14, RVR1995

Sin duda alguna, Jesús pagó en la cruz todas estas cosas; y aún
más de lo que podamos imaginar. Ahora, permítame pedirle que
piense en lo siguiente. Como acabamos de decir, Jesús pagó por
sus pecados en la cruz. Como dice en el primer libro de Pedro
2:24, RVR1995: *"Él mismo llevó nuestros pecados en su cuerpo
sobre el madero, para que nosotros, estando muertos a los pecados, vivamos a la justicia. ¡Por su herida habéis sido sanados!"*.
¿Pero ha pecado usted *desde* que se hizo creyente?

Estoy seguro que la respuesta es sí. Así que piénselo. A pesar
que Jesús pagó por sus pecados en la cruz, usted ha pecado de
nuevo.

De la misma manera, también hemos encontrado que Jesús
cargó con nuestras enfermedades. Esa es una verdad maravillosa y gloriosa. Pero, ¿se ha enfermado usted por lo menos una vez
desde que se hizo cristiano? Yo sí.

A pesar que en Mateo 8:17 dice: "Para que se cumpliese lo
dicho por el profeta Isaías, cuando dijo: Él mismo tomó nuestras
enfermedades y cargó nuestras dolencias…" todavía batallamos
de vez en cuando con la maldición de las enfermedades.

Tenemos que creer, por fe, lo que Jesús hizo por nosotros en la cruz. Y cuando no lo hacemos, continuamos experimentando algunos de los efectos de la maldición.

Como creyentes, si desobedecemos la Palabra de Dios, todavía podemos experimentar los efectos de la maldición. Eso se aplica tanto a nuestras finanzas como a nuestros cuerpos. ¿Podemos, si estamos violando voluntariamente el principio de Dios acerca de los primeros frutos, ver que nuestras finanzas caen bajo una maldición? Claro que sí.

La buena noticia es que tenemos la maravillosa promesa del capítulo 3 de Malaquías, donde Dios promete "reprender al devorador" (v. 11) si tan sólo nos atrevemos a confiar en Él y le obedecemos.

Ley y gracia

Como mencioné previamente en este capítulo, una excusa común para no dar el diezmo es: "Yo estoy bajo la gracia, no bajo la Ley".

La gracia de Dios es verdaderamente sorprendente. Sin embargo, pocos cristianos verdaderamente entienden lo que es la gracia y cómo opera. Primeramente, la justicia de la gracia siempre excede la justicia de la Ley. Esta es la esencia de lo que Jesús dijo en Mateo 5:

No penséis que he venido a abolir la Ley o los Profetas; no he venido a abolir, sino a cumplir, porque de cierto os digo que antes que pasen el cielo y la tierra, ni una jota ni una tilde pasará de la Ley, hasta que todo se haya cumplido. De manera que cualquiera que quebrante uno de estos mandamientos muy pequeños y así enseñe a los hombres, muy pequeño será llamado en el reino de los cielos; pero cualquiera que los cumpla y los enseñe, este será llamado grande en el reino de los cielos. Por tanto, os digo que si vuestra justicia no fuera mayor que la de los escribas y fariseos, no entraréis en el reino de los cielos.

—v. 17–20, RVR1995, ÉNFASIS AÑADIDO

En este pasaje vemos una verdad importante: la justicia de la gracia *siempre* excede la justicia de la ley. Note que cada vez que Jesús se refiere a una ley del Antiguo Pacto define un estándar superior bajo la gracia del Nuevo Pacto.

Por ejemplo, la ley decía: "No matarás" (vea Éxodo 20:13; Deuteronomio 5:17), pero Jesús dijo: "Ni siquiera te enojes con tu hermano" (vea Mateo 5:22). ¡Un estándar más alto! La ley decía: "No cometerás adulterio" (vea Éxodo 20:14; Deuteronomio 5:18), pero Jesús dijo: "Ni siquiera veas a una mujer de manera lujuriosa" (vea Mateo 5:28). Una vez más, un estándar más alto.

En otras palabras, la rectitud que exige la gracia (y Jesús *es* la gracia) va mas allá de la Ley.

Por eso es que sonrío cuando alguien me dice: "No doy el diezmo porque no estoy bajo la Ley, estoy bajo la gracia". Le contesto diciendo: "¿Entonces usted da de acuerdo a la gracia?" "Sí, así es". Entonces digo: "¡Excelente! Eso quiere decir que usted da mucho más que el diez por ciento, porque la justicia de la gracia siempre excede la justicia de la Ley. Es un estándar más alto".

El punto es que hay ciertos principios que se extienden a través de la Palabra de Dios y el diezmo es uno de ellos.

Sí, cuando damos de acuerdo a la gracia, daremos más que el diezmo, pero *comenzamos* con el diezmo. El primer diez por ciento se debe dar como ofrenda de los primeros frutos, porque es un principio fundamental en la Palabra de Dios.

Sospecho que muchos creyentes piensan que la única escritura acerca del diezmo es la que leímos hace un momento en Malaquías. Permítame mostrarle unos cuantos versículos más donde se establece el principio del diezmo.

Abraham, Melquisedec y usted

En el capítulo 14 de Génesis encontramos un pasaje que ya he mencionado:

> *Entonces Melquisedec, rey de Salem y sacerdote del Dios Altísimo, sacó pan y vino; y lo bendijo, diciendo: "Bendito*

sea Abram del Dios Altísimo, creador de los cielos y de la tierra; y bendito sea el Dios Altísimo, que entregó tus enemigos en tus manos". Y le dio Abram los diezmos de todo.

—vers. 18–20, RVR1995

Prácticamente, 430 años antes que dar el diezmo fuera parte de la Ley de Moisés, Abraham le dio el diezmo a Melquisedec. De acuerdo al libro de Gálatas, Abraham es nuestro padre espiritual y Melquisedec es un tipo de Jesucristo. (Algunos expertos que estudian la Biblia piensan que podría haber sido ¡el mismo Jesucristo!) Los títulos de Melquisedec eran "rey de justicia" y "rey de paz"; y por supuesto, Jesús es el verdadero Rey de justicia y de paz.

También sabemos que Melquisedec es un tipo de Cristo porque la Biblia lo dice explícitamente. En el capítulo 5 de Hebreos, el escritor dice de Jesús:

Y habiendo sido perfeccionado, vino a ser autor de eterna salvación para todos los que le obedecen; y fue declarado por Dios sumo sacerdote según el orden de Melquisedec.

—VERS. 9–10, RVR1995, ÉNFASIS AÑADIDO

Igualmente, todo el capítulo 7 de la carta a los Hebreos está dedicado a mostrar cómo Jesús es la realización de todas las características que representaba Melquisedec y da atención particular al hecho que Abraham daba el diezmo a Melquisedec.

Porque este Melquisedec, rey de Salem, sacerdote del Dios Altísimo, que salió a recibir a Abraham que volvía de la derrota de los reyes y le bendijo, a quien asimismo dio Abraham los diezmos de todo; cuyo nombre significa primeramente "rey de justicia" y también rey de Salem, esto es, "rey de paz"; sin padre, ni madre, sin genealogía; que no tiene principio de días ni fin de vida, sino hecho semejante al Hijo de Dios, permanece sacerdote para siempre.

—HEBREOS 7:1-3, RVR1995, ÉNFASIS AÑADIDO

Así que Abraham, nuestro padre espiritual, dio el diezmo a Melquisedec, ya sea a Jesucristo mismo, o una representación simbólica de Él. Y esto ocurrió 430 años antes de la Ley.

Hay otra cosa importante que se menciona en este pasaje que quiero que usted vea:

> *Y aquí ciertamente reciben los diezmos hombres mortales; pero allí, uno (Jesús) de quien se da testimonio de que vive.*
> —Hebreos 7:8, RVR1995

De acuerdo a este versículo, Jesús "recibe" los diezmos en el cielo. Cuando usted escribe su cheque para el diezmo, puede pensar que se lo está dando a su iglesia local; pero en un sentido espiritual muy real, los que en verdad dan el diezmo se lo dan al mismo Jesucristo.

¡Qué privilegio, qué cosa santa! Y qué pérdida tan terrible para aquellos que nunca toman un paso de fe y dan el diezmo.

Algo del corazón

Veamos otro pasaje en el que el principio del diezmo es evidente.

En el capítulo 28 de Génesis encontramos a Jacob, el patriarca, teniendo su famoso encuentro con Dios en su sueño, con una piedra como su almohada. Habiendo cambiado su vida y su corazón, se levantó y dijo:

> *Y esta piedra que he puesto por señal, será casa de Dios; y de* todo lo que me des, apartaré el diezmo para Ti.
> —v. 22, RVR1995, ÉNFASIS AÑADIDO

La promesa de Jacob de dar el diezmo surgió directamente de su corazón agradecido. Eso es lo que quiero que usted vea. El verdadero diezmo viene del corazón; no de una mente legalista. También quiero que note que esta promesa fue hecha 400 años antes de la Ley.

Así como su abuelo Abraham, Jacob quiso dar a Dios lo primero de sus frutos; el primer diez por ciento. Habiendo probado de la dulzura de la presencia de Dios y la bondad de Su favor, quería bendecirlo. Era algo del corazón.

Es por eso que para mí, dar el diezmo es vida, no ley. Y cuando se convierta en vida para usted, será uno de los mayores gozos de su existencia.

En el capítulo 27 de Levítico podemos encontrar algo más acerca del diezmo. En el versículo 30, Dios le da instrucciones a los israelitas sobre cómo prosperar en la tierra prometida:

> *Así pues, todo el diezmo de la tierra, de la semilla de la tierra o del fruto del árbol, es del SEÑOR; es cosa consagrada al SEÑOR.*
>
> —LBLA

Dios considera que el diezmo es "sagrado". La palabra "sagrado" significa "reservado" y "separado".[3] En otras palabras, el primer diez por ciento debe ser reservado y destinado para el Señor. No me corresponde a mí decidir lo que se debe hacer con ello. Es el diezmo de Dios.

En Deuteronomio 26:1–2, Dios nos dice:

> *Y sucederá que cuando entres en la tierra que el SEÑOR tu Dios te da por herencia, tomes posesión de ella y habites en ella, tomarás las primicias de todos los frutos del suelo que recojas de la tierra que el SEÑOR tu Dios te da, y las pondrás en una canasta e irás al lugar que el SEÑOR tu Dios escoja para establecer su nombre.*
>
> —LBLA

Un poco más adelante, en el mismo capítulo, Dios dice:

> *Entonces le dirás al SEÑOR tu Dios: Ya he retirado de mi casa la porción consagrada a ti y se la he dado al levita, al*

extranjero, al huérfano y a la viuda, conforme a todo lo que tú me mandaste. No me he apartado de tus mandamientos ni los he olvidado. Mientras estuve de luto, no comí nada de esta porción consagrada; mientras estuve impuro, no tomé nada de ella ni se la ofrecí a los muertos. SEÑOR mi Dios yo te he obedecido y he hecho todo lo que me mandaste.

—vers. 13–14

Note la frase importantísima: "He retirado de mi casa la porción consagrada a ti".

Cuando usted entiende que el diezmo está consagrado, usted no lo quiere en su casa. Usted quiere que esté donde pertenece, en la casa de Dios. Usted no usa una parte del diezmo para sus vacaciones. No lo usa para pagar colegiaturas. Usted sabe que consagrado significa "reservado".

Esto era necesario que se hiciera

El Nuevo Testamento no está "mudo" acerca del principio del diezmo. De hecho, en Mateo 23, Jesús habló claramente al respecto:

> *¡Ay de vosotros, escribas y fariseos, hipócritas!, porque diezmáis la menta, el anís y el comino y dejáis lo más importante de la Ley: la justicia, la misericordia y la fe. Esto era necesario hacer sin dejar de hacer aquello.*
>
> —v. 23, RVR1995

Obviamente, aquí Jesús está reprendiendo a los fariseos. Indica que son estrictos en lo referente al diezmo, pero que han dejado "lo más importante de la Ley".

Pero quiero que note lo que Jesús dice al final de esta punzante acusación. "Esto era necesario hacer (dar el diezmo estrictamente), sin dejar de hacer aquello". En otras palabras, Él les dice: "Sí, den el diezmo de todas sus ganancias, pero no olviden lo más importante, la justicia, la misericordia y la fe".

Piénselo. Lo que acabamos de leer es, en mi opinión, una de
las más sorprendentes escrituras acerca del diezmo. Jesús mismo
confirmó el diezmo. No sé cómo alguien, que tenga un corazón
receptivo a Dios, puede ignorarlo.
Por supuesto, dar el diezmo no es un deber desagradable. No
es un ejercicio religioso vacío. No es un castigo. Es una oportunidad sorprendente que trae beneficios increíbles a quienes lo dan.
Podemos verlo en acción en el segundo libro de Crónicas. Este es
un pasaje acerca de un decreto del Rey Ezequías. Es un poco largo, pero vale la pena leerlo:

> *También ordenó que los habitantes de Jerusalén entregaran
> a los sacerdotes y a los levitas la parte que les correspondía,
> para que pudieran dedicarse a la ley del SEÑOR. Tan pronto
> como se dio la orden, los israelitas entregaron en abundan-
> cia las primicias del trigo, del vino, del aceite, de la miel y
> de todos los productos del campo. También dieron en abun-
> dancia el diezmo de todo. De igual manera, los habitantes
> de Israel y los que vivían en las ciudades de Judá entrega-
> ron el diezmo de bueyes y ovejas y de todas aquellas cosas
> que eran consagradas al SEÑOR su Dios y todo lo colocaron
> en montones. Comenzaron a formar los montones en el mes
> tercero y terminaron en el séptimo. Cuando Ezequías y sus
> oficiales fueron y vieron los montones, bendijeron al SEÑOR
> y a su pueblo Israel. Entonces Ezequías pidió a los sacerdo-
> tes y a los levitas que le informaran acerca de esos montones
> y el sumo sacerdote Azarías, descendiente de Sadoc, le con-
> testó: "Desde que el pueblo comenzó a traer sus ofrendas al
> templo del SEÑOR, hemos tenido suficiente comida y nos ha
> sobrado mucho, porque el SEÑOR ha bendecido a su pueblo.
> En esos montones está lo que ha sobrado".*
>
> —2 CRÓNICAS 31:4–10, NVI, ÉNFASIS AÑADIDO

La esencia de este pasaje es lo siguiente: Cuando el pueblo
de Dios comenzó a dar el diezmo, Dios comenzó a bendecirlos

aún más. Mientras más los bendecía, su diezmo era mayor. Este círculo virtuoso de bendiciones y abundancia resultó en montones de bienes y comida en la casa de Dios.

Cuando Ezequías llegó y vio los montones básicamente dijo: "Explíquenme esto, ¿le está yendo bien a la gente? ¡Han dado muchísimo!". Y los sacerdotes le dijeron: "Tiene que entender algo, Majestad. Desde que el pueblo comenzó a dar el diezmo, Dios los ha bendecido. Lo que ve aquí es el diezmo de la abundancia con que Dios los ha bendecido".

Este pasaje ilustra los dos resultados paralelos de dar el diezmo. Bendice al pueblo de Dios y al mismo tiempo trae provisión a la casa de Dios. Recuerde lo que Dios dijo en Malaquías: "Traigan todos los diezmos al tesoro del templo para que haya alimento en *mi casa*" (3:10, énfasis añadido). El rey Ezequías ordenó al pueblo que trajeran el diezmo para que los sacerdotes pudieran dedicarse al estudio de la Palabra de Dios.

¿Se imagina lo que el Cuerpo de Cristo podría lograr si cada creyente diera el diezmo? ¿Qué clase de impacto tendría la Iglesia en nuestra cultura y en otras culturas del mundo si los "montones" comenzaran a acumularse en nuestras casas de oración y alabanza?

¿Cuán más efectivo podría ser un pastor, si tuviera un equipo de apoyo que lo liberara para dedicar su tiempo a estudiar la Palabra y la oración?

Me siento bendecido y estoy muy agradecido por ser el pastor de una congregación que ha abrazado los principios de vida que Dios nos da acerca del diezmo. Como pastor, veo que mi responsabilidad principal es alimentar a mi congregación con la Palabra de Dios. Como resultado, paso la mayor parte de mi tiempo estudiando, orando y buscando al Señor.

¿Por qué puedo hacerlo? Porque tengo un talentoso pastor ejecutivo que se encarga de todos los detalles de la administración y operación de la iglesia. Gracias a que tenemos una gran cantidad de miembros que dan el diezmo, podemos tener pastores y ministros a cargo de áreas de responsabilidad específicas.

En contraste, muchos pastores tienen que hacer todo ellos mismos porque no tienen los recursos para encontrar un equipo de apoyo. Ellos tienen que encargarse de todas las visitas a hospitales, de ser consejeros y de toda clase de administración y operación de la iglesia.

Y aún así esperamos que estos pastores nos den cada domingo sermones impactantes, relevantes y llenos de frescura. Todavía se espera que sean varones de Dios, ungidos y llenos de poder.

> **¿SE IMAGINA LO QUE EL CUERPO DE CRISTO PODRÍA LOGRAR SI CADA CREYENTE DIERA EL DIEZMO?**

Cómo me gustaría que cada pastor tuviera el tiempo y el equipo humano que yo tengo, para que pudieran pasar más tiempo con el Señor. Creo que esto se hará realidad cuando el pueblo de Dios comprenda el poder de dar el diezmo y los beneficios que recibirán cuando nuestros pastores puedan estudiar, orar y cada semana puedan traerles mensajes inspirados por Dios.

Cuidando de la novia de Dios

Finalmente, quiero decirle que nuestra perspectiva acerca del diezmo cambiará cuando comencemos a ver la iglesia local como una manifestación visible de la novia de Dios.

Considere esta ilustración: Tengo que salir en un viaje muy largo y selecciono a tres hombres para un encargo especial. Le digo a cada uno de ellos: "Te voy a enviar $10,000 dólares por mes. Puedes conservar $9,000 y gastarlos como quieras, pero quiero que cada mes le des $1,000 dólares a mi esposa para que pueda cubrir sus necesidades".

Como prometí, a cada uno de estos hombres le envío $10,000 dólares mensuales. Después de algunos meses, llamo a mi esposa y le pregunto si está recibiendo el dinero que necesita. Ella me contesta: "Bueno, el primero me está enviando $1,000 dólares cada mes, tal como se lo indicaste. El segundo me está enviando $2,000 dólares mensuales. No sé por qué, pero lo está haciendo. Pero el tercero me envió $800 el primer mes, $300 el segundo y nada el tercero".

Ahora, como soy su marido y la amo con todo mi corazón, ¿qué piensa que voy a hacer? Yo soy el que les estoy dando el dinero. Yo les dije que podían quedarse con $9,000. ¡Lo único que quería era que dieran un 10% para que hubiera comida en mi casa! (vea Malaquías 3:10).

Bueno, al primer hombre, quien ha seguido fielmente mis instrucciones, voy a continuar enviándole los $10,000 dólares. Pero al tercer hombre—aquel que no estaba satisfecho con el 90% de lo que yo amablemente le enviaba—voy a dejar de mandarle los $10,000 al mes y se los voy a dar al hombre más generoso. ¿Por qué? Porque puedo confiar en el segundo hombre. Él ha demostrado que le importa lo que a mí me importa. Él es un buen administrador. Lo que el tercer hombre estaba haciendo era robarme. (Recuerde el versículo: *"¿Robará el hombre a Dios? Pues ustedes me han robado. Y han dicho: '¿En qué te hemos robado?' En sus diezmos y ofrendas"* [Malaquías 3:8].)

Ahora, permítame aplicar este ejemplo a nuestra vida. Jesús se ha ido por un tiempo. Él nos ha dicho a cada uno: "Quiero que mientras estoy de viaje, cuides de mi Novia (la Iglesia), dándole el 10%. El 90% restante puedes gastarlo como gustes".

Aquellos que obedecen serán bendecidos. Aquellos que van más allá de su deber serán bendecidos aún más. Pero aquellos que no hacen ni siquiera el mínimo, Él tomará lo que tienen y se lo dará a alguien que sea un buen administrador.

Como dice en Mateo 25:29: "Porque al que tiene, le será dado y tendrá más; y al que no tiene, aún lo que tiene le será quitado". Las recompensas de una buena administración son grandiosas.

Dios no cambia. Dar el diezmo continúa siendo una oportunidad extraordinaria para recibir bendiciones y abundancia para aquellos que tienen la fe de confiar en Él.

También es el fundamento sobre el cual se construyen los otros principios que voy a compartir con usted. Una vida llena de bendiciones le espera. Pero comienza con un compromiso de corazón para honrar, obedecer y bendecir al Señor con su diezmo.

Capítulo 4
EL PRINCIPIO DE
LA MULTIPLICACIÓN

¿**A**LGUNA VEZ HA deseado poder multiplicar su dinero? Bueno, le tengo noticias maravillosas: Dios puede hacerlo.

Por supuesto, esto no debería sorprendernos. Él multiplicó el aceite y la comida para una pobre viuda y su hijo. Multiplicó la fuerza de los soldados israelitas batalla tras batalla. Y multiplicó el pan y los peces en un par de colinas de Galilea. Sin lugar a dudas, Dios es el Maestro de la multiplicación.

En el capítulo 9 de Lucas encontramos la narración de una de esas multiplicaciones milagrosas; la alimentación de los cinco mil:

> *Pero el día comenzaba a declinar; y acercándose los doce, le dijeron: Despide a la gente, para que vayan a las aldeas y campos de alrededor y se alojen y encuentren alimentos; porque aquí estamos en lugar desierto.*
>
> *Él les dijo: "Denle ustedes de comer". Y dijeron ellos: "No tenemos más que cinco panes y dos pescados, a no ser que vayamos nosotros a comprar alimentos para toda esta multitud". Y eran como cinco mil hombres. Entonces dijo a sus discípulos: "Háganlos sentar en grupos de cincuenta". Así lo hicieron, haciéndolos sentar a todos. Y tomando los cinco panes y los dos pescados, levantando los ojos al cielo, los bendijo y los partió y dio a sus discípulos para que los pusiesen delante de la gente. Y comieron todos y se saciaron y recogieron lo que les sobró, doce cestas.*
>
> —LUCAS 9:12–17

Esta historia probablemente le es muy familiar, pero vamos a modernizarla y personalizarla un poco. Tal vez podrá ver algunas cosas que antes no había notado.

Póngase en el lugar de los discípulos. Imagínese que usted es uno de los doce, básicamente es un miembro del "comité oficial de búsqueda del Mesías". Eso quiere decir que está tratando de determinar si Jesús es o no es el Mesías. Ha dejado su bote de pesca y ha comenzado a viajar con Jesús en una campaña a través de la nación.

Un día se reúne una multitud enorme. Usted está muy emocionado porque, desde que comenzaron la campaña, este es el seminario al que ha asistido más gente. Al contar a los padres de familia, usted calcula que se han reunido alrededor de 5000 hombres, sin contar a las mujeres y los niños. Eso significa que probablemente hay entre quince y veinte mil personas reunidas y todas están escuchando a Jesús. (Usted está sorprendido de lo lejos que se puede oír una voz desde las cimas de estas colinas.) Jesús predica toda la mañana y usted espera que el sermón termine alrededor del mediodía (la hora en que todo el mundo acostumbra a salir de la iglesia para llegar a la cafetería antes de que lleguen los escribas y los saduceos). Pero no termina, sino que continúa enseñando.

Usted piensa: *Bueno, el sermón está muy bueno y parece que todo el mundo lo está disfrutando. Vamos a dejarlo que se extienda un poco más.* Llegan y pasan las 12:30 de la tarde y Él continúa predicando. La una, las dos, las tres, las cuatro ¡y el profeta continúa exponiendo las escrituras!

A las cinco ya empieza a escuchar a sus compañeros diciendo: "¡La gente tiene hambre y todos los restaurantes van a cerrar pronto!". El hecho es que usted no está seguro si quien verdaderamente tiene hambre es la gente o sus compañeros. Pero como también usted está hambriento, se acerca a Jesús.

"Señor, disculpa la interrupción pero, bueno…los otros discípulos y yo comenzamos a…bueno…tú sabes…a preocuparnos por la gente…tú sabes cómo es la gente. Quiero decir…este…ellos no han comido en todo el día y la mayoría de los restaurantes van a cerrar y pensamos que tú querías…bueno…tú sabes…terminar el sermón y decirles que se vayan".

Y entonces el Señor se voltea y muy seguro le dice: "Dales algo de comer", y continúa con sus enseñanzas.

Usted comienza a digerir lo que estas palabras implican. Hay entre quince a veinte mil personas hambrientas en ese campo y el Señor dice que usted le dé algo de comer a las personas.

Así es que usted regresa con los miembros del comité: "¿Le dijo que la gente tiene hambre?" le preguntan. Usted confirma con un movimiento de la cabeza. "¿Le dijo que ya es hora de que termine la predicación? De nuevo usted confirma con un movimiento de la cabeza.

"Bueno, ¿y ya va a terminar?".

"No exactamente", usted le contesta indecisamente. "¿No exactamente? ¿Qué quiere decir? ¡¡No le dijo que la gente necesita comer!?

"Sí".

"¿Y qué le dijo?".

"Él dijo que *nosotros* les diéramos algo de comer".

"¿Cómo? Por un momentito creí que usted dijo que *nosotros* debíamos darles de comer".

"Eso fue lo que dijo el Maestro".

Entonces ustedes se ponen a ver cuanta comida pueden conseguir. Treinta minutos más tarde se vuelven a reunir y hacen un inventario de la comida que tienen.

"Vamos a ver," dice el comité, "entre todos tenemos…dos pescados, cinco empanadas y una canastita de tortillas. ¡Perfecto!". Por supuesto, a usted le toca la mala suerte de reportarle a Jesús los resultados de la recolecta. "Discúlpeme, Señor. Perdone que le interrumpa de nuevo…" y usted le da las estupendas noticias sobre los esfuerzos para juntar la comida. *"Ahora sí que va a terminar la predicación"*, se dice a sí mismo. (Mirando nerviosamente su reloj, intenta calcular lo rápido que tendrá que caminar a la pizzería más cercana, para llegar antes de que la cierren.)

Entonces Jesús lo mira, se sonríe y dice: "¡Excelente! Haz que la gente se siente en grupos de cincuenta". Sorprendido, usted regresa con los miembros del comité.

"¿Va a terminar la predicación?", le preguntan al verle venir. Se oyen un poco enojados. "*Tienen baja el azúcar*", piensa usted.

"No".

"¡¿No?!".

"Quiere que sentemos a la gente en grupos de cincuenta".

"¿No le dijo que lo único que tenemos para alimentar a 20000 personas son solamente dos pescados, cinco empanadas y una canastita de tortillas?".

"Sí, grupos de 50".

Lo que sigue sería cómico si no estuviera tan hambriento y exasperado. ¿Alguna vez ha visto a 12 personas intentar organizar a 20000 hombres, mujeres y niños para que se sienten en grupos de 50? Trasladar una manada de gatos a través del desierto sería más fácil en comparación.

Finalmente, usted y el comité han agrupado a todos tal como lo pidió el Señor (ese es el primer milagro de la tarde.)

Cuando usted regresa a donde estaba Jesús, está pensando cómo va Él a hacer para alimentar a toda la gente. (Todos tendemos a pensar así. Queremos imaginar por adelantado qué es lo que va a hacer Dios para cubrir nuestras necesidades. Y casi siempre nos equivocamos).

En ese momento, Jesús toma los pescados, las empanadas y las tortillas, levanta la vista hacia el cielo y los bendice.

Dos claves para la multiplicación

Me he tomado algunas libertades creativas con este pasaje de la Biblia con la esperanza de motivarlo a que realmente se ponga en el lugar de los discípulos. Quiero que usted "vea" con los ojos de su mente lo que sucedió en ese monte.

Después que bendijo la comida, Jesús la partió por la mitad y se la entregó a sus discípulos. ¿Se puede imaginar lo que alguien como Pedro pensó al ver la mitad de un pan en sus manos? ¡Él le había dado a Jesús un pan completo y sólo le había devuelto la mitad!

Me pregunto si Pedro, mirando ese fragmento, le habrá dicho al Señor: "¿Seguro que ya terminó de orar? ¿No quisiera orar un poco más?". Posiblemente el Señor le hubiera dicho: "No, ya lo bendije. Ahora repártelo".

Pedro se alejó con esa pequeña pieza de pan en sus manos y obedientemente, lo partió por la mitad en la misma manera en que había visto a Jesús hacerlo. Repartiendo los pedazos de pan, lo partía por la mitad y lo hacia otra vez y otra vez. Esto es lo que nos hemos perdido en esta sorprendente historia. El milagro no sucedió en las manos del Maestro, sucedió en las manos de los discípulos. Usted ya sabe el resultado. Con cada uno de los discípulos duplicando este patrón, el resultado fue 12 canastas grandes que sobraron.

ALGO DEBE SER BENDECIDO ANTES DE QUE SE PUEDA MULTIPLICAR.

Dentro de esta narración de la vida real, hay dos principios muy importantes para nosotros. Son las dos claves para la multiplicación en el reino de Dios.

El primer principio es este: algo debe ser bendecido antes que se pueda multiplicar. Lo que muchos cristianos no entienden es que antes que su dinero se pueda multiplicar, debe ser bendecido. En otras palabras, primero debe ser entregado al Señor.

Como hemos visto en capítulos anteriores, cuando damos al Señor lo primero de nuestras ganancias, el diezmo, el resto es bendecido. Recuerde las palabras de Romanos 11:16:

> *Si el primer pan está consagrado, también lo es la masa restante; y si la raíz es santa, también lo son las ramas.*
>
> —RVR1995

Yo conozco a muchos cristianos que nunca han visto que sus finanzas se multipliquen. Y muchas veces, la razón es que el dinero no ha sido bendecido. Cuando se da primero al Señor y el

Señor pone su bendición sobre él, entonces y sólo entonces, tiene la habilidad de multiplicarse.

Jesús, quien recibe nuestros diezmos, es el único que tiene el poder de bendecirlos para que se multipliquen. Este es el primer principio de la multiplicación.

Hay un segundo principio de la multiplicación: sólo lo que se da se puede multiplicar.

En el ejemplo que estamos explorando, los discípulos tenían el pan y los pescados. La comida había sido bendecida, así que tenía el potencial de multiplicarse. Pero si ellos se la hubieran comido, habrían permanecido como cinco panes y dos pescados. Nunca se hubieran multiplicado. En lugar de tener el estómago lleno y doce canastas que sobraron, sólo hubieran podido darle unas pequeñas mordidas a los panes y peces. Tenían que darlo para que se multiplicara.

Esta es otra cosa que he observado en los que me han dicho: "Nunca he visto mis finanzas multiplicarse". A veces, las personas que dan el diezmo, dan muy poco o nada en adición al mismo. No se dan cuenta que sólo lo que se da se multiplica. Usted podrá preguntar: "¿Pero no es el diezmo una forma de dar?".

Creo que hay una diferencia entre el diezmo y el dar. Creo que el diezmar es sencillamente devolverle a Dios lo que Él ha dicho que es suyo. Darle al Señor nuestros primeros frutos, o nuestro primer diez por ciento a través de la iglesia local, es lo que causa que verdaderamente "lo nuestro" sea bendecido.

Usted no puede dar lo que verdaderamente no es suyo. Los primeros frutos son del Señor. El resto es suyo para que lo conserve o lo dé como desee. Es de esta "cuenta" de donde usted da lo que en la Biblia se conoce como ofrendas.

Realmente, dar el diezmo no es dar, es devolver. Es devolverle al Señor lo que ya es de Él. Por lo tanto, el segundo principio de la multiplicación es que las finanzas en exceso al diezmo se deben compartir si se van a multiplicar.

El poder de las ofrendas

En Mateo 25, Jesús nos cuenta una historia de tres administradores. A un administrador se le confiaron cinco talentos. Cuando llegó la hora de hacer las cuentas, él le devolvió al Señor los cinco talentos, con unos cinco adicionales. Y el Señor le dijo: *"Bien hecho, siervo bueno y fiel"* (v. 21).

Había otro administrador al que se le encomendó dos talentos e igualmente, él le devolvió al Señor más de lo que se le había dado.

Pero entonces tenemos al tercer administrador, al que se le había encomendado un talento. Ése le dijo al Señor: "Aquí está lo suyo". El sólo le devolvió al Señor lo que ya era de Él. Y el Señor lo llamó sirviente malo y flojo.

Por favor, no me malinterprete. No estoy sugiriendo que alguien que sólo da el diezmo es malo y flojo. Lo que estoy diciendo es que hay un principio de administración fiel que nos enseña que le debemos dar a Dios más que el diezmo, porque dar el diezmo es solamente devolverle a Dios lo que ya es de Él.

Si actualmente usted no está dando el diezmo, ciertamente ahí es donde debe comenzar. Dando el diezmo es como removemos la maldición. Dar el diezmo es lo que trae una bendición sobre el resto de nuestras finanzas. Dar el diezmo es lo que causa que Dios reprenda al devorador y que abra las ventanas del cielo. Es el fundamento principal sobre el cual se construye nuestro dar.

Pero si lee cuidadosamente Malaquías 3, verá que allí Dios menciona dar ofrendas en adición al diezmo. Menciona "diezmos y ofrendas" (v. 8).

En otras palabras, son el diezmo y también las ofrendas lo que remueve la maldición. Son el diezmo y las ofrendas lo que traen las bendiciones. Son el diezmo y también las ofrendas lo que reprende al devorador.

Estoy convencido que Dios quiere bendecir y multiplicar nuestras finanzas, tal como bendijo y multiplicó los dos peces y los cinco panes.

La verdad es que Dios puede hacer que nuestras finanzas alcancen más de lo que podríamos lograr a través de nuestra propia astucia o diligencia. Sé que esto es verdad por lo que he visto suceder en mi vida una y otra vez.

Dios quiere que sus finanzas estén bendecidas y quiere que sus finanzas se multipliquen. Pero es vital que comprenda que nunca verá la multiplicación de sus finanzas hasta que comprenda estos dos principios:

1. Le damos al Señor lo primero para que bendiga nuestras finanzas.

2. Damos más allá del diezmo porque sólo lo que se comparte puede ser multiplicado.

Estos son los principios de multiplicación. Y son tan poderosos hoy como lo fueron en aquel monte en Galilea.

Capítulo 5

ROMPER EL ESPÍRITU DE MAMÓN

N LOS ESTADOS Unidos, en tiempos menos "políticamente correctos", antes que se eliminaran de las escuelas públicas cualquier cosa remotamente cristiana, se requería a muchos de los estudiantes de la escuela secundaria que leyeran un poema épico por John Milton titulado *Paraíso perdido*. Si usted fue uno de esos estudiantes, ya sabe que este poema presenta una descripción bastante detallada del infierno. En él, Milton muestra a Satanás como un comandante principal caído, rodeado por sus generales que eran demonios. Entre ellos están Moloc, Dagón, Astarte, Osiris y Belial.

Cada uno de ellos era un dios de una antigua cultura que adoraba ídolos. La Biblia menciona cada uno de estos dioses. Pero, el poema de Milton también presenta a otro demonio junto a Satanás. Su nombre es Mamón.

Puede que reconozca la palabra "mamón" como una palabra del Nuevo Testamento. Jesús la menciona en un par de lugares. Por ejemplo, en Mateo 6:24 Jesús declara:

> *Nadie puede servir a dos señores, pues menospreciará a uno*
> *y amará al otro, o querrá mucho a uno y despreciará al otro.*
> *No se puede servir a la vez a Dios y a las riquezas (mamón).*

Después de leer este versículo, usted puede ver por qué motivo Milton agrupó a un demonio llamado Mamón con todos esos ídolos del Antiguo Testamento. Jesús sugiere claramente que es *posible* que sirvamos a mamón en lugar de servir a Dios; y eso va aún más allá: afirma que es *imposible* servir a ambos al mismo tiempo.

Jesús dice que amará a uno y menospreciará al otro, o le será leal a uno y despreciará al otro. De acuerdo con Jesús, no hay un punto intermedio. No hay mitad y mitad. Aparentemente, Mamón es un dios celoso.

Ciertamente Jesús hace un contraste muy llamativo entre el Espíritu de Dios y el espíritu de mamón. Pero, ¿qué es mamón? La palabra "mamón" viene del arameo. Esencialmente significa "riquezas,"[1] y, aparentemente, los asirios adoptaron el concepto de un dios de las riquezas de sus vecinos, los babilonios. Babilonia era una ciudad fundada en el orgullo y la arrogancia (recuerde la historia en Génesis 11 sobre la Torre de Babel). Lo central de la historia es una actitud que dice: "El hombre no necesita a Dios. Somos autosuficientes". Esto es lo que el espíritu de mamón trata de decirnos: "No necesitas a Dios. ¡Confía en las riquezas!".

En el sentido bíblico, la palabra mamón es el espíritu que reside en el dinero. ¿Sabía usted que el dinero tiene un espíritu? Lo tiene, ya sea el Espíritu de Dios, o el espíritu de mamón.

El dinero que se somete a Dios y a sus propósitos tiene el Espíritu de Dios, esa es la razón por la cual se multiplica y no puede ser consumida por el devorador. Estoy convencido que el dinero que se ha sometido a Dios—riqueza que está dedicada a servirle en lugar de intentar reemplazarle—es bendecido por Dios. En un sentido muy real, el Espíritu de Dios lo bendice.

Por otro lado, el dinero que no está sometido a Dios, tiene por consecuencia, el espíritu de mamón sobre él. Por eso es que la gente frecuentemente trata de utilizar el dinero para controlar o manipular a otros. Es por eso que la gente piensa que el dinero puede traer felicidad y satisfacción.

Básicamente, mamón es el espíritu del mundo, y ese espíritu es un mentiroso.

El gobierno de mamón

He notado que la gente que está bajo la influencia del espíritu de mamón tiende a tener mucho temor acerca de su dinero.

Es por eso que Jesús dijo: "No pueden servir a Dios y a mamón". Mamón desea gobernar. Mamón está buscando sirvientes. Está buscando quien lo adore. Le prometerá todo pero no le dará nada. Como Jesús claramente sugiere, mamón trata de tomar el lugar de Dios. El pastor Jimmy Evans de la iglesia Trinity Fellowship Church en Amarillo, Texas, dijo: "Mamón nos promete aquellas cosas que sólo Dios puede dar: seguridad, identidad, independencia, valor, poder y libertad. Mamón dice que nos puede aislar de los problemas de la vida y que el dinero es la respuesta a toda situación".[2]

Y si lo pensamos, mamón no es más que el sistema de este mundo caído que está en clara oposición a Dios y a Sus caminos. Por ejemplo, mamón dice que compre y venda; Dios dice que siembre y coseche. Mamón dice que haga trampa y que robe; Dios dice que dé y que reciba. Pero más que otra cosa, mamón quiere gobernar.

No es coincidencia que en el libro de Apocalipsis, el Anticristo intenta dominar a la gente usando la economía, impidiendo que la gente "compre o venda" a menos que se hayan sometido a él (vea 13:17). De esta manera, el breve gobierno del Anticristo tomará lugar a través del espíritu de mamón.

Es por eso que Jesús dijo que no se puede servir a Dios y a mamón. ¿Por qué? Porque el espíritu de mamón está en oposición directa al Espíritu de Dios.

No me malinterprete, el dinero y mamón no son sinónimos. El dinero no es esencialmente malo. En primera de Timoteo 6:10 encontramos uno de los versículos de la Biblia que es frecuentemente malinterpretado:

Porque la raíz de todos los males es el amor al dinero.

Fíjese que la Biblia no dice que "el dinero es la raíz de todos los males". Dice que *el amor* al [o la adoración al] dinero es la raíz de todos los males. Es el amor idolátrico por el espíritu de mamón lo que es malo. En otras palabras, la avaricia, la codicia y el egoísmo son manifestaciones del espíritu de mamón.

La razón por la que no podemos servir a Dios y a mamón es que el espíritu de mamón es lo opuesto al Espíritu de Dios. Mamón dice que tomemos; Dios dice que demos. Mamón es egoísta; Dios es generoso. Y así continúa. Mamón es un espíritu y como tal, nos habla todo el tiempo.

Mamón dice: "Si quiere ser feliz y sentirse satisfecho necesita tener la ropa y el auto perfecto; necesita tener la mejor tarjeta de crédito, vivir en el mejor vecindario y conocer a las personas que lo pueden favorecer".

Mamón le dice que si tuviera más dinero, la gente lo escucharía; sus problemas con otros desaparecerían y la vida le sería dulce, podría hacer lo que quisiera, ir a donde quisiera y vivir la vida como quisiera.

Tristemente, la gente del mundo no es la única susceptible a esta clase de engaño. Algunas veces el espíritu de mamón utiliza mentiras muy creativas para seducir también a los cristianos. Mamón se puede volver religioso cuando lo necesita. Por ejemplo, algunas veces mamón dice: "Si tan sólo tuvieras más dinero, podrías realmente comenzar a ayudar a la gente". (Tenga en mente que Jesús nunca le dijo a nadie que la respuesta fuera más dinero. El dinero no es la respuesta a los problemas, Dios lo es.)

Muchas veces, cuando estamos bajo presión, pensamos (y realmente es el espíritu de mamón hablándonos) que necesitamos que sucedan una de dos cosas: o necesitamos que Dios cambie milagrosamente nuestras circunstancias, o que alguien nos descargue un camión lleno de dinero. Esta ilusión casi siempre tiene que ver con el ganarse la lotería o algún sorteo, o desear la herencia de algún pariente rico a quien ni siquiera conoce.

Fíjese cómo el espíritu de mamón trata de tomar la posición de sustituto de Dios. "Necesita que Dios haga un milagro ahora mismo o necesita más dinero". Esto es simplemente una mentira. Necesitamos a Dios, punto.

Es precisamente por eso que soy muy cauteloso con las oportunidades de negocios multinivel. Muchas veces me han invitado a las reuniones donde se comparten estas oportunidades.

Normalmente me invitan porque alguien se ha dado cuenta de la facilidad de comunicación que Dios me ha dado y quieren utilizar esa habilidad para crear su negocio. Por supuesto, no lo voy a hacer. Dios me ha dado este don para ayudar a personas para que conozcan a Cristo como su Salvador y para enseñar su Palabra.

En las ocasiones en que he asistido a esas reuniones, he visto el espíritu de mamón trabajar de forma muy sutil para capturar a los cristianos. Usualmente, el anzuelo es: "Imagínese a toda la gente que podría ayudar si fuera rico". O, "Su iglesia o ministerio favorito tendría todo lo que necesita, una vez usted sea millonario". Amigo, Dios puede ayudarnos sin dinero. Cuando empezamos a pensar que la mayoría de nuestros problemas podrían resolverse si tuviéramos más dinero, es una señal de que estamos bajo la influencia del espíritu de mamón.

EL DINERO NO ES LA RESPUESTA A LOS PROBLEMAS, DIOS LO ES.

No me malentienda. Jesús no nos está diciendo que odiemos el dinero. Está diciendo si amamos a Dios, odiaremos a mamón que es el espíritu codicioso, egoísta, mentiroso y falso del Anticristo, que opera a través de la adoración al dinero.

Como proclamó Jesús, o amaremos a uno y odiaremos al otro, o seremos fieles a uno y despreciaremos al otro (Mat. 6:24). Debemos despreciar al espíritu de mamón que le miente a la gente, que le promete todo pero no les da nada y que se atreve a intentar tomar el lugar de Dios.

Ambos, Dios y mamón, siempre nos están hablando. Cada vez que oramos acerca de hacer un sacrificio y dar a nuestra iglesia local o a un ministerio en particular, mamón está allí, hablándonos en secreto al oído, (o, en ocasiones, gritándonos).

Riquezas verdaderas

En el Nuevo Testamento hay otro pasaje donde Jesús habla acerca de escoger entre Dios y mamón. Jesús dice en Lucas 16:9–13, RVR1995:

Y yo os digo: Ganad amigos por medio de las riquezas injustas, para que cuando estas falten, os reciban en las moradas eternas. El que es fiel en lo muy poco, también en lo más es fiel; y el que en lo muy poco es injusto, también en lo más es injusto. Si en las riquezas injustas no fuisteis fieles, ¿quién os confiará lo verdadero? Y si en lo ajeno no fuisteis fieles, ¿quién os dará lo que es vuestro? Ningún siervo puede servir a dos señores, porque odiará al uno y amará al otro, o estimará al uno y menospreciará al otro. No podéis servir a Dios y a las riquezas (mamón).

Aquí Jesús llama injustas a las riquezas, pero note que Él no estaba llamando injusto al *dinero*. Mamón y el dinero no son sinónimos. Jesús estaba llamando injusto al espíritu que puede apoderarse sobre el dinero.

El dinero puede ser utilizado para propósitos justos o injustos. Puede ser usado para propósitos temporales o eternos. El dinero que se ha sometido a Dios (en oposición al que se usa para intentar reemplazar a Dios) está bendecido. Y por eso, el dinero bendecido se multiplica y no se consume por el devorador. Es dinero que puede ser utilizado para hacer el bien y para bendecir a otros.

¿Qué más nos dice este pasaje? Que debemos utilizar nuestro dinero para lo que es eterno. ¿Y qué es eterno en nuestras vidas? ¡La gente! Las únicas cosas eternas que se pueden encontrar hoy día son las personas. El alma humana es eterna.

Si utilizo mi dinero para ayudar a otros a conocer a Cristo, esa misma gente me dará la bienvenida en el cielo cuando me muera. Use su dinero para el bienestar de otros—para ayudarles a escuchar el Evangelio—y ellos serán parte de su comité de bienvenida cuando llegue al cielo.

Observe que Jesús no dijo que el *dinero* le dará la bienvenida. Dice que los amigos que usted haga lo recibirán en un hogar eterno. Yo sé que algún día muchas personas me darán la bienvenida y están en el cielo, porque yo apoyé a sus iglesias, ministerios y misioneros con mis ofrendas.

Así como Jesús convirtió al agua en vino, Dios puede transformar el dinero en almas. Él es el único que puede transformar las riquezas injustas en riquezas verdaderas.

En un sentido similar, Jesús nos dice en Mateo 6:19-21:

No acumulen para sí tesoros en la tierra, donde la polilla y el óxido destruyen y donde los ladrones se meten a robar. Más bien, acumulen para sí tesoros en el cielo, donde ni la polilla ni el óxido carcomen, ni los ladrones se meten a robar. Porque donde esté tu tesoro, allí estará también tu corazón.

Cuando utilizamos el dinero para propósitos justos, estamos acumulando tesoros en el cielo. Es por eso que quiero ser un administrador sabio del dinero. Quiero utilizarlo para invertir en iglesias y ministerios que están ayudando a otros. Quiero que mi dinero se utilice para ayudar a las personas; para amar, alimentar y cuidar de ellas.

Esta es una de las razones por las que, como familia y como iglesia, nosotros damos consistentemente a *Life Outreach Internacional*, el ministerio de James Robison. Es un ministerio que está impactando a mucha gente en una forma muy poderosa y positiva, tanto física como espiritualmente. Mientras escribo este libro su ministerio provee mensualmente, alimentación y ropa a más de 300,000 niños hambrientos alrededor del mundo. También comparten el mensaje de Jesucristo con ellos; y claro, la gente escucha porque ha visto una demostración concreta del amor de Dios en la forma de ayuda que les salva la vida.

Yo sé que un día, en el cielo, algunas personas de África me van a recibir y me dirán: "Estoy en el cielo porque apoyaste a *Life Outreach Internacional*. Gracias por permitir que Dios cambiara las riquezas injustas en un tesoro celestial".

Por esto continúo enfatizando que el dinero no es esencialmente malo. Dios usa el dinero para alimentar y vestir a la gente. Lo utiliza para facilitar la predicación del Evangelio en los lugares más remotos de la tierra.

Esto explica por qué el enemigo de nuestras almas trabaja tan fuerte para corromper y distorsionar nuestra percepción del dinero.

El diablo sabe que Dios puede tomar dinero temporal y transformarlo en almas eternas. Él sabe que mientras más dinero damos a la iglesia, más almas se van a salvar; y que el Reino de Dios va a avanzar cada vez más y el reino de la oscuridad caerá.

El infierno está siendo saqueado por nuestras ofrendas y ¡Satanás lo sabe! El diablo odia las ofrendas guiadas por el Espíritu, porque simultáneamente reducen su reino y nos hacen más como nuestro Padre celestial.

Por eso es que, en las palabras de introducción, le dije que el diablo no quiere que lea este libro. No quiere que se libere financieramente y por lo tanto no quiere que usted dé sus diezmos y ofrendas para que su dinero sea bendecido y multiplicado.

En este momento usted podría estar pensando: *Bueno, honestamente no tengo suficiente de este "espíritu de Mamón" como para que estas cosas se apliquen a mí. ¡No necesito saber cómo administrar el dinero, ni cómo darlo, porque no tengo dinero!*

En cuanto a esa reacción, yo le diría cariñosamente pero sinceramente: "Nunca lo tendrá si no acepta este principio". En el pasaje que cité hace poco, Jesús dice:

> *El que es fiel en lo muy poco, también en lo más es fiel; y el que en lo muy poco es injusto, también en lo más es injusto.*
> —Lucas 16:10

La Biblia dice que debemos ser fieles en lo poco antes que se nos confíe lo mucho. Si usted tiene solamente un poco de dinero, usted es un candidato perfecto para recibir bendiciones; porque si es fiel en lo poco, Dios le dará más.

Dios está buscando personas a quienes pueda confiarles mucho. Pero Él sabe que una persona que es injusta con lo poco, también será injusta con lo mucho. Los cristianos que hacen trampa con lo poco no se volverán fieles de repente si se les da mucho. Es por eso que Jesús dice:

> *Pues si en las riquezas injustas no fueron fieles, ¿quién les confiará lo verdadero? Y si en lo ajeno no fueron fieles, ¿quién les dará lo que es de ustedes?.*
>
> —LUCAS 6:11–12, RVR1995

Lo que estoy tratando que vea es que no importa cuánto tengamos, es a *quién* le pertenece. Si le pertenecemos a Dios, es su dinero, no el nuestro.

Por eso es que Jesús me dice que necesito ser fiel con lo que es ajeno. No es mío; es de Él. Y cada nuevo día trae consigo una prueba para mi habilidad como administrador.

Una transformación completa

Tengo que decirle que me crié siendo muy egoísta, materialista y orgulloso. Por supuesto, mis padres no eran así. Ellos son y siempre han sido, personas muy generosas. Aún hoy ayudan a personas a comprar casas que, por sí mismos, no podrían adquirir.

Mi madre y mi padre son personas muy, muy generosas. Pero por alguna razón yo me crié siendo muy materialista.

Sin embargo, cuando acepté a Cristo como mi Salvador, a los 19 años de edad, lo primero que quería hacer era ofrendar y dar a otros. Quería dar a todo aquel que pudiera. Quería bendecir a otros y ayudarles a conocer lo que yo había encontrado.

Cuando Dios finalmente me tomó en sus manos y cambió mi corazón, mi esposa y yo teníamos un ingreso bruto, combinado, de $600 dólares al mes. En esos días, nuestro presupuesto sólo nos permitía comer en un restaurante una vez al mes.

Recuerdo claramente la primera vez que salimos a comer poco tiempo después de haber aceptado a Cristo. Me encontré buscando alguna forma de compartir a Cristo con la mesera que nos atendía. Entonces se me ocurrió una idea. Si yo no ordenaba nada, podría usar ese dinero para dejarle una propina muy generosa, además de un tratado que hablaba de Dios. Quizás la propina motivaría a la mesera a que leyera el folleto y luego se acercara a Dios. Y eso hicimos. Antes de irnos, le dije unas cuantas palabras acerca de lo mucho que Dios la amaba.

Aproximadamente un mes más tarde, regresamos a ese mismo restaurante para darnos nuestro "lujo" mensual. Durante el mes yo había orado para que Dios nos bendijera con suficiente dinero adicional para poder dejar una propina más grande, junto con otro tratado.

Tal como lo había pedido, nuestro Dios que es tan fiel, nos permitió que juntáramos $50 dólares para poder dejarlos junto con el tratado acerca de la salvación. Esa noche pedimos que nos atendiera la misma mesera y le dejamos una propina de $50 dólares en una cuenta de tan sólo $10 dólares.

Regresamos al restaurante un mes más tarde deseosos de ver si la mesera seguía trabajando allí. Y efectivamente, allí estaba. Cuando nos vio, dijo: "Leí el tratado que dejaron la otra vez que estuvieron aquí". Intentamos no mostrar lo emocionados que estábamos al oír esto. Ella continuó: "Hice la oración que está al final del tratado y recibí a Cristo como mi Salvador". Por supuesto estábamos felices de oír esto. Pero ella todavía no había terminado. "Entonces llamé a mi esposo por teléfono, le leí todo el tratado y él también hizo la oración para aceptar a Cristo". Entonces yo dije: "¡Eso es maravilloso! ¿Pero qué quiere decir, que llamó por teléfono a su esposo? ¿Él viaja mucho por su trabajo?".

Apenada, ella dijo: "No, mi esposo está en la cárcel. Va a salir en dos o tres años. Ambos queremos darle las gracias por habernos dejado ese tratado y también por su generosidad. El dinero ha estado muy escaso desde que se fue a la cárcel". Durante los siguientes años, mi esposa y yo discipulamos esa dulce mesera y la vimos crecer espiritualmente. También, comenzamos a guiar a su esposo en la cárcel. Cuando lo dejaron salir, él y su esposa empezaron a asistir a nuestra iglesia y se bautizaron juntos. Tuve el privilegio de saber que las vidas y destinos eternos de esa pareja cambiaron porque yo había dado.

Y yo di porque Cristo había cambiado mi vida.

Experimentando la bendición

Mencioné antes que cuando Debbie y yo nos casamos, nuestro ingreso mensual combinado era de $600 dólares. Esto equivale a un ingreso anual de $7,200 dólares.

Después de unos cuantos meses de dar el diezmo y de dar extravagantemente al Señor, Debbie consiguió otro trabajo en el que le pagaban $18,000 dólares al año. Más o menos al mismo tiempo yo comencé a predicar y a hacer reuniones evangelísticas. Ese primer año, las ofrendas que recibí fueron de $32,000 dólares.

Por lo tanto, nuestro ingreso combinado aumentó de $7,200 a $50,000 dólares.

En nuestro segundo año de matrimonio, mientras continuábamos dando el diezmo y dando donde y cuando nos indicaba el Espíritu Santo, Debbie dejó su trabajo para quedarse en casa y mi ingreso anual llegó a ser $72,000 dólares. Nuestro ingreso ahora había aumentado otra vez; de $7,200 a $72,000 dólares, diez veces más.

En tres años, nuestro ingreso aumentó a más de $100,00 dólares y por la gracia de Dios, estábamos regalando el 70% de ese ingreso (¡y lo estábamos disfrutando increíblemente!).

La multiplicación del diez y del ciento por ciento es muy importante para Dios. Lo he visto a través de mi vida. (¿Se acuerda de la historia en el capítulo 1, acerca del hombre en la pizzería que me dio exactamente diez veces la cantidad que yo acababa de darle al misionero?)

Recuerdo una ocasión en que estaba en una conferencia ministerial en el Centro de Convenciones de Dallas. Estábamos sentados en una sección del balcón, detrás de una multitud de aproximadamente 10000 personas. En esos tiempos no teníamos mucho dinero, pero a la hora de recolectar las ofrendas sentí que el Señor quería que diera $100 dólares. Dar esa cantidad iba a ser un paso de fe.

El ministro que estaba recibiendo las ofrendas dijo: "Quiero que oren y le pidan a Dios que bendiga las ofrendas que están dando". Mientras oraba, me sentí motivado a levantar la ofrenda por encima de mi cabeza. Al hacerlo, me llegó un pensamiento y oré al respecto. Dije: "Señor, te pido que multipliques al ciento por ciento esta ofrenda para que yo pueda dar aún más a tu reino".

Yo no lo sabía en ese momento, pero había un hombre sentado en la parte de adelante del auditorio, cerca del escenario. En el momento en que levanté mi ofrenda al Señor, con un corazón lleno de gratitud, Dios le habló a él y le dijo que mirara hacia atrás. Al voltearse, vio en la parte de atrás del auditorio la pequeña figura de un hombre con sus manos levantadas hacia el Señor. El Espíritu de Dios le dijo: "Quiero que le des $10,000 dólares a ese hombre".

Más tarde, el hombre me encontró y me dio un cheque por $10,000 dólares, exactamente cien veces la cantidad que yo acababa de dar.

Por favor entienda lo que estoy diciendo. El dinero no es el punto. Es el gozo que recibimos al dar. Ese es el poder que viene de la obediencia. No estoy presentando el dar como una manera de hacerse rico rápidamente. Por el contrario, se lo estoy presentando como un reto, para que entregue sus finanzas completamente a Dios.

De la misma manera como damos, Dios nos bendice. Y la bendición más grande es tener la oportunidad de ver el crecimiento del Reino de Dios; ver cómo progresan y crecen diferentes ministerios e iglesias y ver cómo personas oprimidas encuentran la paz de Dios, y todo por nuestra obediencia al dar.

Eso es lo que me emociona. Es lo que quiero que entienda. Yo estaba perdido y sin esperanza y no conocía a Cristo. Jesús lo dio todo para salvar a un "don nadie" arrogante y orgulloso. Así es que no puedo hacer menos que darlo todo a Él.

Dios nos habla acerca de nuestro dinero. Y también lo hace el espíritu de mamón. ¿Quién es su maestro? ¿A quién está escuchando?

Mamón tiene amigos

A través de los años he observado a otros espíritus que tienden a correr en los mismos círculos, especialmente cuando se trata de riquezas y del dar. Así como el espíritu de mamón impedirá que usted viva una vida llena de bendiciones, también lo harán un espíritu de pobreza y un espíritu de orgullo.

Un espíritu de pobreza causará que usted se avergüence de las bendiciones de Dios. Mire, si usted es un administrador generoso y fiel, usted será bendecido. No se puede evitar. Como hemos visto una y otra vez en este libro; mientras más damos, Dios concede más.

El ser un dador *resultará* en recibir bendiciones. El diablo no lo podrá evitar, pero sí podrá intentar hacer que usted se avergüence de ello. Este es el trabajo del espíritu de la pobreza y he visto cómo aflige a ambos, pobres y ricos. De hecho, ¡es más común en los ricos que en cualquier otro grupo! Se manifiesta como un sentimiento de vergüenza y culpabilidad por ser bendecido por Dios. Piénselo por un momento: ¿Habrá algo que Dios podrá hacer en su vida por la cual usted se debe sentir avergonzado por ello? Claro que no. Y, sin embargo, por hacer las cosas como Dios manda, hay muchos creyentes que reciben muchas bendiciones y por alguna razón sienten que tienen que disculparse por ellas. Jamás haga eso. Nunca permita que el enemigo haga que se avergüence de las bendiciones de Dios.

Ahora bien, si usted no es susceptible a la trampa de una mentalidad de pobreza, el enemigo lo atacará por el lado opuesto, el espíritu de orgullo. El orgullo dice: "Usted se ganó esto. Su trabajo duro, su ingenio y su talento hicieron que lo ganara. Por lo tanto, debe estar *orgulloso* por las bendiciones que ha recibido". Estos espíritus trabajan desde lados opuestos, pero tienen una raíz común: hacen que nos enfoquemos en las "cosas" en lugar de enfocarnos en Dios. Nos concentramos en las bendiciones mismas en lugar de en Aquél que nos bendijo. El espíritu de orgullo dice: "La riqueza viene del trabajo duro". El espíritu de pobreza dice: "La riqueza viene del diablo". El espíritu de orgullo dice: "Debes estar orgulloso de lo que tienes". El espíritu de pobreza dice: "Deberías avergonzarte de lo que tienes". Ambos son una trampa, porque están enfocados en las cosas y no en Dios.

Déjeme darle unos ejemplos de la vida real sobre cómo se manifiestan esos espíritus para que pueda discernir sus ataques cuando lleguen a su vida.

¿Cómo responde cuando alguien le hace un cumplido o un halago sobre su reloj o ropa? El orgullo dice: "Es importada de Europa". La pobreza dice: "¿Esta cosa vieja? La compré en una tienda con precios económicos".

El espíritu de orgullo trata de hacer que la gente piense que pagamos más de que lo que realmente pagamos por las cosas. El espíritu de pobreza quiere que piense que pagamos menos. La pobreza siente la necesidad de justificar lo que compramos y de lo que poseemos porque compara la bendición con algo maligno.

Hace que usted diga: "No puedo permitir que piense que gasté mucho dinero en lo que compré, porque entonces pensaría que no soy una persona espiritual".

¿Ve la trampa?

Exponiendo una mentalidad de pobreza

Permítame decirlo de nuevo: Si usted ha sido bendecido por Dios porque ha hecho las cosas a su manera, deje de sentirse culpable. ¡No se sienta avergonzado por tener un corazón que Dios puede bendecir!

Hablo de mi experiencia personal. Hubo un tiempo en que Dios tuvo que enseñarme que la mentalidad de pobreza que yo tenía estaba influenciando mi manera de pensar. Lo tenía muy marcado en mi personalidad porque había estado en el ministerio durante toda mi vida adulta (y todos saben que los pastores deben ser pobres).

Recuerdo que una vez compré una chaqueta muy fina y luego la devolví porque me sentía culpable al usarla. Era una chaqueta de golf que había deseado y necesitado por algún tiempo. La encontré en una tienda donde vendían artículos de golf a mitad de precio. Llamé a Debbie desde la tienda para pedirle su opinión y ella me dijo: "Es una ganga, cómprala".

Me la puse de inmediato y me dirigí al campo de golf, y procedí a jugar uno de los peores partidos de golf que he jugado en mi vida. Por supuesto, el espíritu de pobreza rápidamente le echó la culpa a la chaqueta nueva por el terrible puntaje de golf que tuve. *"Dios no quería que tuvieras esa chaqueta tan fina. ¡Desobedeciste a Dios y ahora ha maldecido tu juego!"*.

Créalo o no, tan pronto terminé de jugar el partido de golf, devolví la chaqueta y conseguí que me devolvieran el dinero. Pero allí no acabó la historia. Durante los siguientes días, comencé a lamentar haber "tenido" que devolverla. Esta idea daba muchas vueltas en mi cabeza y de hecho, hasta estaba resentido con Dios. *"No puedo creer que ni siquiera puedo tener una buena chaqueta. Otra gente puede tener cosas buenas y yo ni siquiera puedo comprar una chaqueta sin que caiga una maldición sobre mi juego de golf. ¡No es justo, Señor!"*.

Después de pensar ese disparate como por tres días, Dios captó mi atención y me habló muy claramente: "¡Deja de culparme porque no tienes la chaqueta! Yo no te dije que la devolvieras". Y entonces Dios dijo algo más que nunca he olvidado. El Señor me dijo: "Hijo, yo nunca te hablo a través de culpa o condenación," y también agregó: "además, no me culpes por tu pésimo partido de golf. Nunca has necesitado mi ayuda para jugar mal".

¿No es sorprendente que muchos cristianos sienten como si tuvieran que minimizar la presencia de cualquier cosa buena o bella en sus vidas? O si alguien nos hace un cumplido sobre algo, nos sentimos impulsados a justificarlo.

Amigo, no tiene que justificar sus compras a nadie excepto a Dios. Si Dios le da paz para comprar algo, ¡no se preocupe por lo que alguien más pueda pensar al respecto!

Relacionárnos correctamente con las cosas

Como he indicado anteriormente, Dios usa cosas para probar nuestro corazón y revelar lo que hay dentro. La verdad es que Dios no solamente usa nuestras cosas para probarnos, sino que también usa las de otra gente. En otras palabras, la manera en que respondemos a las bendiciones ajenas dice mucho acerca de la condición de nuestros propios corazones.

No es coincidencia que el décimo mandamiento esencialmente dice que no codiciarás los bienes ajenos. La palabra 'codiciar' en la Biblia es *epithumeo* en el griego y significa "fijar el corazón sobre algo".[3] Es muy similar a la palabra griega para "lujuria" que es *epithumia*.[4]

Codiciar algo es fijar el corazón sobre ello. Esto es un problema porque no debemos fijar o poner nuestro corazón sobre nada ni nadie sino solamente sobre Dios. A Dios no le importa si tenemos cosas; le importa si las cosas ¡nos tienen a nosotros!

¿Se ha dado cuenta que, en las películas, todas las personas materialistas son ricas? Pero en la vida real, algunas de las personas más materialistas no tienen mucho.

El dinero que una persona posee no nos dice nada acerca de su corazón. Algunas de las personas más materialistas con que me he encontrado eran pobres. De la misma manera, algunas de las personas más espirituales, orientadas hacia Dios y poco materialistas que he conocido son bastante ricas.

Dios quiere que lo busquemos y este es el tema principal de este libro: *El corazón es lo que importa*.

Autoevaluación

¿Cómo puede saber dónde está su corazón? Primero, hágase estas preguntas: ¿Estoy buscando a Dios o a la gente para cubrir mis necesidades? ¿Me molesto o me ofendo con las personas cuando no me ayudan como yo quiero que me ayuden? ¿Culpo a otros por mis circunstancias?

Todas estas son señales de advertencia que buscamos al hombre en lugar de a Dios como fuente de nuestra provisión. Cuando las personas confían en los hombres, en vez de Dios para cubrir sus necesidades, terminan desilusionadas y luego amargadas.

También tenemos que discernir la presencia del espíritu de orgullo o de la pobreza en nuestras vidas. Es vital para nuestra salud espiritual y efectividad en el reino de Dios que estos espíritus sean reemplazados por un corazón agradecido. He aquí unos exámenes para que usted pueda discernir la diferencia:

Cuando piensa sobre su situación en la vida...
El orgullo dice: "¡Merezco más!".
La pobreza dice: "Debo sentirme culpable".
La gratitud dice: "¡Gracias!" (La gratitud es una actitud de agradecimiento que siempre reconoce la provisión de Dios.)

Cuando alguien dice: "¡Guau, qué bonita casa tienes!".
El orgullo dice: "Íbamos a construir una más grande".
La pobreza dice: "La compré en un remate del banco".
La gratitud dice: "¡Gracias, el Señor nos ha bendecido!".

Cuando alguien dice: "¡Qué traje tan lindo!".
El orgullo dice: "Es hecho a medida".
La pobreza dice: "Lo compré a mitad de precio". *La gratitud dice:* "¡Gracias!".

Cuando alguien dice: "¡Qué auto tan bonito!".
El orgullo dice: "¡Y tengo tres más!".
La pobreza dice: "Es de la compañía".
La gratitud dice: "¡Gracias!".

El orgullo quiere que la gente piense que pagamos más. La pobreza quiere que la gente piense que pagamos menos. Con la gratitud, no nos debe importar lo que la gente piense, ¡solamente importa lo que piensa Dios! ¿Por qué no decir la verdad? Cuando alguien le hace un comentario sobre algo que usted administra, sólo diga la verdad y sea agradecido.

La trampa de la comparación

El orgullo hace que nos comparemos con otros. La pobreza hace que comparemos a otros con nosotros.

Cuando alguien se estaciona junto a usted, en un auto menos lujoso, el orgullo dice: "¡El mío es mejor!". Cuando alguien se estaciona junto a usted, en un auto más caro, la pobreza dice: "¡Qué desperdicio! Probablemente es un ladrón".

El orgullo y la pobreza tienen esto en común, ¡siempre hacen que nos comparemos con otros!

En contraste, una persona con un corazón agradecido se compara con Dios y dice: "¡Gracias!". ¿Por qué? Porque cuando comparo lo que he hecho por Dios (que es nada) y lo que Dios ha hecho por mí (que es todo) es natural que mi corazón reboce de gratitud.

No caiga en la trampa de la comparación. El orgullo dice: "Me lo gané". La pobreza dice: "No debería tenerlo". La gratitud dice: "Lo recibí por la gracia de Dios".

Como hemos visto, la clave para resistir los espíritus de mamón, orgullo y pobreza es recordar. Tenemos que recordar que fuimos esclavos del pecado, y que el trabajo que Dios hizo en nosotros es por su gracia; y que a pesar de que hemos trabajado fuertemente, es la bendición de Dios en nuestras vidas lo que ha producido cualquier cosa buena.

Este es el mensaje que Dios les dio a los israelitas antes que entraran a la Tierra prometida:

Acuérdate del Señor, tu Dios, porque Él te da el poder para hacer las riquezas, a fin de confirmar Su pacto que juró a tus padres, como en este día.

—DEUTERONOMIO 8:18, RVR1995, ÉNFASIS AÑADIDO

Si, al leer este capítulo, usted siente que algún área de su vida puede estar influenciada por los espíritus de mamón, orgullo o pobreza, quizás quiera hacer una oración como esta:

Dios amado, por favor perdóname por ser egoísta, orgulloso y codicioso. Por favor perdóname por escuchar a los espíritus profanos de mamón, orgullo y pobreza. Señor, te pido que nos libres a mí, a mi familia y a mis descendientes de ellos. Y te pido que nos ayudes, a partir de este día, a ser dadores generosos y extravagantes para el Reino de Dios. En el nombre de Jesús. Amén.

Capítulo 6

SE REQUIERE UN
TRANSPLANTE DE CORAZÓN

C ONSIDERO QUE LUCAS 6:38 es un versículo bíblico maravilloso. Pero también estoy convencido que es un versículo bíblico frecuentemente mal aplicado y malentendido. Sus palabras son muy conocidas para la mayoría de los cristianos. Probablemente, usted se lo sabe de memoria:

> Den, y se les dará: se les echará en el regazo una medida llena, apretada, sacudida y desbordante. Porque con la medida que midan a otros, se les medirá a ustedes.

Uno de los errores más comunes que la gente comete con respecto a este versículo es el suponer que Jesús sólo se refiere al dinero. En verdad, Él está revelando un principio que se aplica a cualquier área de nuestras vidas.

Entendemos con mejor claridad a qué se refiere Jesús, si examinamos el contexto del versículo. Por ejemplo, retrocedamos un poco y veamos los versículos 36 y 37:

> Sean compasivos, así como su Padre es compasivo. No juzguen, y no se les juzgará. No condenen, y no se les condenará. Perdonen y se les perdonará.

Es sólo entonces que Jesús dice: "Den y se les dará…" (v. 38). Sí, este principio se aplica al dinero, pero usted también puede dar perdón. Puede dar misericordia. Puede dar comprensión. Puede dar paciencia.

Jesús está hablando sencillamente del principio de dar en una forma amplia. Lo que usted da, le será devuelto con "una medida llena, apretada, sacudida y desbordante" (Lucas 6:38). Para capturar el sentido entero de esta verdad, necesita saber un poco más sobre lo que significan los términos "una medida llena", "apretada", "sacudida" y "desbordante". En realidad, estos eran términos que se utilizaban en la agricultura.

De acuerdo al Antiguo Testamento, los agricultores de Israel debían dejar el grano para los pobres, en las esquinas de sus campos. Por lo tanto, cada año durante la cosecha, habían dos clases de personas cosechando: los cosechadores primarios en el centro del campo, a quienes se les pagaba para que recogieran la cosecha, y la gente pobre en las esquinas, quienes cosechaban para alimentarse a sí mismos y a sus familias.

Los cosechadores primarios en el centro del campo llenaban sus canastas y las llevaban a su granero o a una carreta. Ellos vaciaban el contenido de su canasta y regresaban al campo para volver a llenarla. A estos trabajadores no les importaba qué tan llenas estuvieran sus canastas. Se les estaba pagando por hora, así que no les importaba. Sólo necesitaban mantenerse ocupados y continuar trabajando hasta que todo el grano estuviera en el granero.

Sin embargo, este no era el caso de la gente pobre que estaba en las esquinas. Ese campo probablemente les quedaba lejos de su casa. Quizás habían tenido que caminar varios kilómetros para llegar a él. La cantidad de comida que pudieran poner en su canasta sería la cantidad disponible para sus familias. Tenían un incentivo de vida o muerte para poner en la canasta tanto grano como fuera posible.

Si usted estuviera en esa posición, primero se aseguraría de haber puesto una "medida llena" en la canasta, no solamente una medida parcial o media medida. Luego, la apretaría para comprimir los granos y crear más espacio. Después de volver a llenar la canasta, la sacudiría para eliminar los espacios de aire entre los granos. Luego de haber hecho todo esto, de nuevo la llenaría con tanto grano como fuera posible, hasta que los granos estuvieran amontonados en la canasta y comenzaran a caerse por los lados.

Una cosa es recibir una canasta de granos gratuitamente. Algo mucho mejor es recibir una canasta gratuita que tuviera una medida llena, apretada, sacudida y desbordante de granos. Es por eso que el Señor decidió utilizar estos términos. Él sabía que sus oyentes en Israel entenderían inmediatamente lo que trataba de decirles. Lo que Él les comunicó fue que, por cualquier cosa que dieran, iban a recibir más de lo que habían dado. Este es un principio universal de Dios. Usted siempre recibirá más de lo que dio.

Considérelo de esta manera. Cuando entrega una semilla de manzana, sembrándola, no sólo recibe de vuelta una semilla. Con el paso del tiempo, recibe un árbol entero, y en ese árbol hay muchas manzanas y cada manzana tiene muchas semillas. Recibe mucho más de lo que dio originalmente.

Sin embargo, es precisamente aquí donde mucha gente se equivoca con respecto a este pasaje de la Escritura. Una vez usted entiende la maravillosa verdad de este principio, hay una tremenda tentación para que este sea su motivo para dar.

Muchos maestros y predicadores de la Biblia, bien intencionados, caen en esta trampa y motivan a otros para que hagan lo mismo. El principio de "den y se les dará" debe ser nuestra recompensa, no nuestra motivación.

Es por eso que Jesús primero dijo: "No juzguen, y no se les juzgará. No condenen, y no se les condenará. Perdonen, y se les perdonará" (Lucas 6:37).

El contexto de esta promesa nos motiva a reflexionar. Si usted juzga, será juzgado con una medida llena, apretada, sacudida y desbordante. Si usted condena, recibirá condenación con una medida llena, apretada, sacudida y desbordante. ¡Funciona en ambos sentidos!

La buena noticia es que si usted perdona, se le devolverá una abundancia de perdón. Si usted siembra amor, recibirá una cosecha desbordante de amor.

Este es un principio fundamental en el Reino de Dios. Es una verdad a la que he llamado la ley de la reciprocidad. Pero entenderla en una manera balanceada es un asunto del corazón.

El problema principal que tengo con la mayoría de las enseñanzas que he escuchado acerca de Lucas 6:38, es que la ganancia material se presenta como el motivo para dar. ¿Cómo cree usted que se siente Dios, cuando un predicador se para y esencialmente dice: "¡Vamos, denle a Dios y recibirán más! ¡Es un excelente negocio!"?

Como he enseñado, es cierto que no se le puede ganar a Dios en la generosidad. El principio de reciprocidad se aplica tanto al dinero como al juicio y al perdón. Pero no hay nada en las Escrituras que diga que nuestro motivo para dar debe ser la ganancia personal.

¿CÓMO CREE USTED QUE SE SIENTE DIOS, CUANDO UN PREDICADOR SE PARA Y ESENCIALMENTE DICE: "¡VAMOS! DENLE A DIOS Y RECIBIRÁN MÁS!".

¿Cómo se sentirá Dios cuando su pueblo se emociona acerca de dar para los propósitos de su Reino, solamente cuando se le motiva con la promesa de hacerse rico rápidamente? ¿Cree usted que Dios ha dicho alguna vez: "Me gustaría que mi pueblo compartiera conmigo la visión de tener muchas cosas más"?. Dios no quiere que tengamos la visión o meta de *poseer*. Él quiere que compartamos su visión de *dar*.

Sí, conforme a lo que hacemos, recibiremos mucho más. Y no, Dios no está en contra de que tengamos cosas buenas. Por el contrario, a Él le encanta que su pueblo reciba bendiciones. ¡Pero los motivos lo son todo!

Como dice en Proverbios 16:2:

> *A cada uno le parece correcto su proceder,* pero el SEÑOR juzga los motivos.
>
> —énfasis añadido

Y el apóstol Santiago confronta el tema directamente:

> *Y cuando piden, no reciben porque piden* con malas inten-
> ciones, *para satisfacer sus propias pasiones.*
>
> —Santiago 4:3, énfasis añadido

Cuando se trata de complacer a Dios y de operar en línea con los principios de su Reino, la motivación del corazón es lo que importa.

Un panorama más amplio

Hemos descubierto que si leemos unos versículos antes de Lucas 6:38, comenzaremos a ver su mensaje un poco diferente. Bueno, si vamos todavía un poco más atrás, obtendremos un contexto aún mayor y una perspectiva aún más amplia. Comencemos con el versículo 30:

> *Dale a todo el que te pida, y si alguien se lleva lo que es tuyo, no se lo reclames. Traten a los demás tal y como quieren que ellos los traten a ustedes. ¿Qué mérito tienen ustedes al amar a quienes los aman? Aun los pecadores lo hacen así. ¿Y, qué mérito tienen ustedes al hacer bien a quienes les hacen bien? Aun los pecadores actúan así. ¿Y, qué mérito tienen ustedes al dar prestado a quienes pueden corresponderles? Aun los pecadores se prestan entre sí, esperando recibir el mismo trato. Ustedes, por el contrario, amen a sus enemigos, háganles bien y denles prestado sin esperar nada a cambio. Así tendrán una gran recompensa y serán hijos del Altísimo, porque él es bondadoso con los ingratos y malvados.*
>
> —Lucas 6:30–35

Ahora tenemos un contexto mayor del conocido: "Den y se les dará…" (v. 38). No es coincidencia que comienza con las palabras: "Dale a todo el que te pida" (v. 30). Ambos versículos, empezando con las palabras *"den,"* o *"dale,"* nos pueden ayudar muchísimo a entender la revelación acerca del dar.

Como he sugerido, lo que más me molesta acerca de la forma en que la gente ha predicado Lucas 6:38 es que la ganancia material se presenta como el motivo para dar, en vez de como un resultado de hacerlo.

El mensaje del sermón de Jesús es: "¡Da!". Da a aquellos que te piden. Da a aquellos que no te pueden pagar. Da amor a aquellos que no se lo merecen. Da misericordia a aquellos que te han herido. Dale a los demás la clase de trato que esperarías recibir de ellos. ¡Da, da, da! Y de paso, cuando lo hagas, tu Padre celestial se asegurará que recibas mucho más de vuelta.

¿Puede ver la pequeña, pero importante diferencia en el énfasis? Cuando usted da en una forma que al mundo le parece un desbordamiento imprudente, está siguiendo el ejemplo de Dios. Él es bueno con los ingratos y los malvados (v. 35), usted y yo fuimos ese tipo de persona en un entonces. Dios nos dio la prueba máxima de su bondad enviando a su Hijo cuando éramos ingratos y malvados.

Dios es un dador. Y, sí, es cierto que cuando damos, Dios nos recompensará, pero eso no debe ser el motivo por la cual debemos dar. Debemos dar por el puro motivo de imitar, con gozo, a nuestro maravilloso Padre.

Nuestros corazones son lo que le preocupa a Dios. Y un corazón enfocado apropiadamente se emociona más sobre el dar que el recibir.

En otras palabras, Dios nos está diciendo: "Cuando des sólo por dar, te voy a recompensar dándote una medida mucho más grande". La recompensa llega porque hemos permitido que Dios trabaje en nuestros corazones en el área de dar, no en el área de recibir.

En Deuteronomio 15:7–15, en el Antiguo Testamento, hay una referencia a esta verdad. Allí, Dios dice:

Si hay un menesteroso (necesitado) contigo, uno de tus hermanos, en cualquiera de tus ciudades en la tierra que el SEÑOR tu Dios te da, no endurecerás tu corazón, ni cerrarás tu mano a tu hermano pobre, sino que le abrirás libremente tu mano, y con generosidad le prestarás lo que le haga falta para cubrir sus necesidades. Cuídate de que no haya pensamiento perverso en tu corazón, diciendo: "El séptimo año, el año de remisión, está cerca", y mires con malos ojos a tu hermano pobre, y no le des nada; porque él podrá clamar al SEÑOR contra ti, y esto te será pecado. Con generosidad le darás, y no te dolerá el corazón cuando le des, ya que el SEÑOR tu Dios te bendecirá por esto en todo tu trabajo y en todo lo que emprendas. *Porque nunca faltarán pobres en tu tierra; por eso te ordeno, diciendo: "Con liberalidad abrirás tu mano a tu hermano, al necesitado y al pobre en tu tierra".* Si un hermano tuyo, hebreo o hebrea, te es vendido, te servirá por seis años, pero al séptimo año lo pondrás en libertad. Y cuando lo libertes, no lo enviarás con las manos vacías. Le abastecerás liberalmente de tu rebaño, de tu era y de tu lagar; le darás conforme te haya bendecido el SEÑOR tu Dios. Y te acordarás que fuiste esclavo en la tierra de Egipto, y que el SEÑOR tu Dios te redimió; por eso te ordeno esto hoy.

—LBLA, énfasis añadido

Aquí se puede ver claramente el deseo de Dios de ayudarnos. También hay más evidencia de que Dios ve la actitud del corazón del que da. En el versículo 10, Dios le dice a los israelitas que "no te dolerá el corazón" (sin que se angustie o entristezca tu corazón) al dar. Desde esos días, Dios amaba al *"dador alegre"* (2 Corintios 9:7).

No es difícil entender el por qué de ello. ¿No se siente orgulloso cuando sus hijos no son egoístas? ¿Se siente usted bendecido cuando tiene que amenazar o (sobornar) a sus hijos para que sean generosos?

Nos sentimos satisfechos cuando nuestros hijos se ayudan los unos a los otros amorosamente. Y lo que es verdadero para nosotros como padres terrenales, es infinitamente verdadero para Dios.

Además, cuando llegamos a ser dadores alegres de todo corazón, nos parecemos más y más a nuestro Padre celestial. Dios está tratando de obrar en nosotros. Él quiere purificar nuestros corazones. Pero tal como lo señala el pasaje que acabamos de leer, hay algunas cosas acerca de nosotros mismos que tendremos que confrontar si vamos a transformarnos en dadores con corazones puros.

El corazón egoísta

De acuerdo a Deuteronomio 15:9, vamos a tener que lidiar con pensamientos malvados que nos impedirían tener compasión por otros. Aquí, Dios llama claramente a los pensamientos egoístas, malvados. El egoísmo nos dice que si damos no tendremos suficiente, o que Dios no será fiel a Su promesa de cubrir nuestras necesidades. Dios dice: "No deben permitir que su corazón piense de esa manera".

Obviamente, la envidia y el egoísmo no son motivos propios para dar. Dios quiere que en lugar de ser personas codiciosas y egoístas seamos dadores generosos y agradecidos.

En Josué 1:8 leemos lo siguiente:

> *Nunca se apartará de tu boca este libro de la Ley, sino que de día y de noche meditarás en él, para que hagas y guardes conforme a todo lo que en él está escrito; porque entonces harás preparar tu camino y todo te saldrá bien.*
>
> —RVR1995

Mucha gente lee este versículo y termina pensando que la clave de la prosperidad y del éxito es meditar en la Palabra. Vuelva a leerlo y verá que están correctos sólo a medias. ¡Este versículo dice que debemos meditar en la Palabra de Dios de día y de noche para poder *hacer* lo que dice! *Hacer* lo que nos dice la Palabra es lo que nos trae éxito y bendiciones.

Es precisamente por eso que el egoísmo es su enemigo. El egoísmo trata de manipular y de negociar tratos con Dios. Nacimos siendo egoístas.

Tomándome el riesgo de ofenderle, si es que usted recientemente ha tenido un hijo por primera vez, tengo que informarle que su angelito nació completa y totalmente centrado en sí mismo. La primera expresión verbal de todo bebé no es "ma-má" o "papá", es "guaaaaa" que más o menos se puede traducir como: "¡Dame de comer!", "¡Cámbiame el pañal!" o "¡Abrázame ahora mismo!" ¿Y, ha notado que la palabra favorita de todo niño de dos años en el planeta entero es, "¡mío!"?

Claramente, el egoísmo está profundamente arraigado en nuestros corazones. Y esto no cambia simplemente porque nuestros cuerpos se desarrollen. Si tiene duda, trate alguna vez de agarrar un pedazo de carne o una presa de pollo del plato de un hombre. Es una buena manera de perder una mano. Tal vez no lo haya notado, pero a la mayoría de los hombres no le gusta compartir su comida.

La mayoría de las mujeres, por el contrario, son felices compartiendo su comida. Observe a un grupo de mujeres en algún restaurante y verá más comida cambiando de plato en plato que lo que vería en un mercado donde hay una subasta. Eso explica que una mujer asume que su hombre estará muy dispuesto en compartir su comida. Se equivoca.

Esta dinámica se repite día a día en cualquier restaurante. Un marido y su esposa llegan en su auto a un "auto-servicio" donde se ordena la comida del restaurante desde afuera. Por una bocina, escuchan: "Bienvenidos al Palacio de la Hamburguesa. ¿Puedo tomar su orden?" El esposo se inclina hacia la bocina y, hablando más alto de lo necesario, dice: "Sí, quiero una hamburguesa doble con queso, unas papas fritas y una Coca-Cola".

Luego se voltea hacia su esposa y le pregunta: "¿Qué quieres mi amor?" ¿Y, ella qué dice?: "Yo no quiero nada, yo como de lo tuyo". *¿Comer de lo mío?*, piensa el marido. "¿Qué? ¿No entiende que lo "mío" es... mío? ¡Yo he ordenado exactamente la cantidad de comida que quiero comer!"

Por supuesto, el marido no lo dice, sólo lo piensa. Sino dice dulcemente: "Amor, si quieres algo, yo te lo pido. Si quieres papas fritas, te pido papas fritas..." "No, no" dice ella. "No tengo mucha hambre". Por supuesto que el marido sabe que por lo menos la mitad de sus papas van a desaparecer.

Mi punto es que todos somos egoístas. La condición inicial del corazón humano es acumular y evitar compartir con cualquiera. Pero luego, un Padre celestial amoroso viene a nosotros y nos dice: "Quiero trabajar en ese corazón malvado y egoísta y hacerte un dador. Quiero que seas como yo".

El corazón entristecido

"...y no te dolerá el corazón cuando le des..."...no se angustie o entristezca tu corazón cuando le des...

—RVR1995

Eso fue lo que el Señor dijo en el versículo que leímos en Deuteronomio 15. Después de confrontar el hecho de que tenemos un corazón egoísta, la segunda cosa con la que tenemos que lidiar cuando damos, es un corazón angustiado o entristecido. Veamos el versículo 10:

Con generosidad le darás, y no te dolerá el corazón cuando le des, ya que el SEÑOR tu Dios te bendecirá por esto en todo tu trabajo y en todo lo que emprendas.

—LBLA

Note que la recompensa por ser un dador es una vida bendecida. Dios dice que Él lo bendecirá en todo lo que haga y emprenda.

Pero Él nos enseña que no debemos tener un corazón entristecido o angustiado después de dar obedientemente. Es importante no dejar sentirse angustiado o entristecido pensando en lo que podría haber hecho con el dinero, si lo hubiera conservado para sí mismo. El egoísmo puede atacarnos *antes* que demos, pero el sentir angustia o aflicción pueden atacarnos *después* de haber dado.

CON GENEROSIDAD LE DARÁS, Y NO TE DOLERÁ EL CORAZÓN CUANDO LE DES.

Las personas que se ganan la vida con ventas de artículos muy costosos, saben de algo que se llama "remordimiento del comprador". Este término se refiere a algo que sucede con frecuencia a la gente que gasta mucho dinero en una cosa, tales como casas o autos. Después que la emoción del momento se acaba, pueden experimentar un atemorizante remordimiento. Como resultado de este fenómeno, muchas cosas que se compran por impulso se devuelven al día siguiente.

Algo similar le puede pasar a usted cuando ha sido obediente dando como le indica el Espíritu Santo. Esto significa que no solamente tiene que cuidar de su corazón antes de dar, sino que también debe cuidarlo después de hacerlo.

He aquí otro problema: muchas personas dan porque sienten que tienen que hacerlo en lugar de querer dar porque quieren hacerlo. Se sienten *presionados* a dar, y después se lamentan por haberlo hecho. Se afligen por el dinero que ya no tienen.

Dios está tratando de hacer algo más profundo en nuestros corazones. Si estamos llenos de remordimiento después de haber sido una bendición, ¿le agradará a Dios? ¿Ha logrado Dios realizar los cambios que quería hacer en nuestro corazón? De ninguna manera.

¿Entonces, cómo combatimos un corazón entristecido o angustiado por el dinero? Lo puede hacer con una perspectiva adecuada de "su" dinero.

Para ilustrar esta perspectiva, una vez me detuve a la mitad de mi sermón y dije: "¿Saben qué? Necesito que alguien me dé 100 dólares". De inmediato un hombre se paró, caminó hacia el frente, y me dio un billete de $100 dólares. Guardé el billete en mi bolsillo y continué con el sermón.

Estoy seguro que cada persona en la congregación estaba pensando: ¿Qué fue eso? ¿Por qué pidió $100 dólares? ¿Y por qué ese hombre fue tan rápido en dárselos? (¡Sospecho que la persona que más lo pensó fue la esposa de ese hombre!)

Después de dejar que toda la congregación pensara por unos minutos en lo que hice, interrumpí de nuevo mi mensaje para explicarles. "Permítanme decirles por qué este caballero fue tan rápido en darme los $100 dólares sin saber por qué los necesitaba. Antes de comenzar el servicio, yo le di el dinero y le dije que lo pediría durante el servicio. Le pedí que me lo trajera en cuanto lo pidiera". Continué explicando que trataba de ilustrarles un punto. La razón por la que el hombre me dio el dinero rápidamente ¡era porque el dinero era mío! No sintió ningún remordimiento, pena o conflicto emocional al dármelo. ¿Por qué? ¡Porque sabía que no era suyo! Como vimos en un capítulo anterior, lo mismo se aplica a todo lo que tenemos. Todo es de Dios, y nosotros sólo lo estamos administrando. Cuando tenemos la misma perspectiva que Dios tiene acerca del dinero—cuando entendemos que Dios es dueño de todo—es muy fácil dárselo cuando nos lo pide. Se lo damos libremente y sin lamentarlo. Entendemos que no era nuestro desde un principio.

Siempre que veo un cristiano actuando egoístamente, sé que estoy viendo una persona que, o no sabe, o ha olvidado, que todo le pertenece a Dios. Están actuando como dueños, no como administradores.

La persona que me dio el dinero durante el sermón, no me lo dio en realidad, ¿verdad? Él simplemente me lo devolvió. Quizás tenemos un problema con dar porque no entendemos el concepto de administrador. Tal vez hemos olvidado que Dios es el dueño y que al compartir, sólo le estamos regresando a Dios lo que era suyo desde un principio.

Así es que déjeme preguntarle: ¿Se entristece o se angustia su corazón cuando da dinero? ¿Se lamenta por dinero perdido? Usted puede detener eso. ¡Desde el principio el dinero no era suyo!

Más cirugía del corazón

Además de sobreponernos a un corazón egoísta y más allá de evitar tener un corazón entristecido o angustiado, tenemos que hacer un tercer ajuste en el área del dar. Con la ayuda de Dios, tenemos que desarrollar un corazón liberal o generoso.

No estoy utilizando el término "liberal" en el sentido político de la palabra. Estoy hablando de liberalidad o generosidad, la práctica de ser generosos y libres con nuestras posesiones materiales.

Veamos de nuevo el versículo sobre el darle a los pobres en el pasaje de Deuteronomio 15:14:

> Le abastecerás (proveerás) liberalmente *de tu rebaño (animales), de tu era (granos y trigo) y de tu lagar (vino); le darás conforme te haya bendecido el SEÑOR tu Dios.*
>
> —LBLA, ÉNFASIS AÑADIDO

Quizás en estos días no tengamos eras (terrenos para trillar granos y trigo), ni lagares (sitios para sacar el jugo de la uva o aceitunas); pero, todavía se nos llama a dar generosamente de aquello con lo que Dios nos ha bendecido. No debemos ser tacaños al dar, tenemos que ser generosos. Es por eso que tenemos que cultivar un corazón generoso. Esto va en contra de la esencia de nuestra naturaleza caída, pero es perfectamente consistente con la nueva naturaleza que recibimos cuando entregamos nuestras vidas a Cristo. A menudo digo que: "Nací siendo egoísta, pero que nací de nuevo siendo generoso".

La clave para caminar en la nueva naturaleza, en lugar de en la vieja, es simplemente renovar nuestra mente. "No os conforméis a este mundo, sino transformaos por medio de la renovación de vuestro entendimiento" (Romanos 12:2, RVR1995). La renovación de la mente trae transformación.

Mi nueva naturaleza—el hombre espiritual dentro de mí— quiere ser generosa, pero tengo que aprender a renovar mi mente en esta área. Tengo que confiar que Dios se encargará de mí si soy un dador generoso.

Mi vieja naturaleza estaba acostumbrada a considerar cómo podría, yo mismo, manipular las circunstancias a mi favor. Por supuesto, esa es la actitud de alguien acostumbrado a recibir, no a dar. El egoísmo trata de manipular a Dios, o de "negociar" con Él en lo que se refiere a dar. Pero una persona de corazón generoso da rápida y generosamente porque sabe que todo le pertenece a Dios, y confía en que Dios se encargará de él y que le bendecirá.

Sin tomar crédito para mí mismo, esta es una obra que el Señor ha hecho en mi corazón. Y estoy escribiendo este libro para darle testimonio de que funciona. Dios es fiel.

Hace algún tiempo, Debbie estaba hablando con un pastor y su esposa que se estaban quedando en nuestra casa. Ellos podían ver claramente que estábamos viviendo una vida llena de bendiciones; así que el pastor le preguntó a mi esposa, "¿Por qué creen que Dios los ha bendecido tanto?".

Debbie pensó un momento y contestó: "Creo que tiene que ver con el corazón de Robert. Cuando él aceptó a Cristo en su vida, Dios cambió tanto su corazón que él estaba dispuesto a dar todo lo que tenemos, si sentía que Dios le pedía que lo hiciera. De hecho, ya lo ha hecho varias veces porque él ama a Dios, y ama a la gente. El Señor le dio un corazón que quiere dar generosamente al pueblo de Dios y a la obra de Dios".

No tengo palabras para contarle cuánto gozo ha traído a nuestras vidas el don de dar. Nos hemos divertido tanto siendo dadores en el Reino de Dios. Ha resultado ser una vida más emocionante de la que podríamos haber imaginado.

Un toque final en el corazón

Cuando permitimos que Dios nos cambie en esta área, hay una obra más que Él tiene que hacer en nuestros corazones. Debemos desarrollar un corazón *agradecido*.

Volvamos a revisar Deuteronomio 15 por última vez:

> *Y te acordarás que fuiste esclavo en la tierra de Egipto, y que el SEÑOR tu Dios te redimió (liberó); por eso te ordeno esto hoy.*
>
> —v. 15, LBLA

¿Por qué le dijo Dios a los israelitas que recordaran que habían sido esclavos? Porque sus corazones se llenarían de gratitud por lo que Él había hecho por ellos.

De vez en cuando, al estar alabando o en mis momentos de silencio, Dios me recuerda mi pasado. Él no lo hace para que me sienta culpable o condenado. Él sabe que haciendo esto, produce una profunda gratitud. Yo era un caso perdido. Yo estaba en el camino de la autodestrucción con un corazón adolorido, pero Él me salvó y me puso en el camino de la vida y la bendición. Cuando pienso acerca de eso, mi corazón rebosa de gratitud.

Aprendemos a ser agradecidos cuando permitimos que Dios nos recuerde que fuimos esclavos y que todo lo que tenemos es gracias a su misericordia. Y cuando somos agradecidos, somos generosos. El agradecimiento genuino a Dios es raro y poderoso.

Una vez fui a predicar sobre el tema del dar en una iglesia muy pequeña. Un amigo mío, un dador generoso, me había acompañado para apoyarme orando mientras yo predicaba. El también estaba orando por la gente que escuchaba el mensaje-pidiéndole a Dios que hiciera una obra en sus corazones en el área del dar.

Al final del mensaje dije: "Quiero que cada uno de ustedes ore y le pregunte a Dios qué es lo que Él quiere que usted dé esta noche". En ese momento, cuando mi amigo comenzó a pensar qué era lo que Dios quería que él diera, se dio cuenta que no había traído consigo ni su billetera, ni su chequera. Con pena y asombro, se dio cuenta que no tenía nada qué dar en la ofrenda.

Oró diciendo: "Señor, ¿qué puedo dar? ¡No traje dinero!" Inmediatamente, el Señor le recordó que tenía puesto un par de zapatos nuevos, muy caros. El Señor le dijo: "Quiero que le des esos zapatos al pastor de esta iglesia".

El pastor de esa pequeña iglesia probablemente nunca se hubiera comprado un par de zapatos tan caros, aún si hubiera tenido el dinero para hacerlo, lo cual no era muy probable.

En ese momento, mi amigo comenzó a pensar todas esas cosas que uno piensa cuando Dios nos pide que hagamos algo inusual. "¿Y si no son de su tamaño? ¿Se sentirá ofendido? ¿Qué va a pensar la gente? ¿Voy a salir de aquí solamente en calcetines?". Finalmente tomó una decisión: "El Señor me ha hablado, así es que voy a hacerlo tenga sentido o no".

Se acercó a la esposa del pastor y le preguntó: "¿Qué número de zapato calza su esposo?". Era el mismo tamaño que él calzaba. No necesito decir que mi amigo regresó a su casa en calcetines. Pero él se sentía bendecido y lleno de alegría, y también el pastor.

Años más tarde, escuché la historia de un hombre que estaba en la congregación esa misma noche. Acababa de aceptar a Cristo en su vida. Antes de aceptar a Cristo, había malgastado todo su dinero y estaba en la bancarrota. En el momento de la ofrenda, dijo: "¿Señor, qué puedo dar? Tengo tan poco dinero, pero mi corazón está tan lleno de gratitud por lo has hecho por mí".

De la manera como él contó lo que pasó, el Señor le dio la idea de comprar un seguro de vida y nombrar como beneficiario a la iglesia. Así que hizo los arreglos para adquirir una póliza de seguro de $100,000 dólares. Al transcurso de unos pocos años, murió, y la iglesia recibió ese dinero, un regalo más grande de lo que pudiera haber dado de otra manera.

Envidia o gratitud

Como he mencionado anteriormente, un corazón sinceramente agradecido es raro y hermoso. A través de los años, he tenido un pequeño vistazo de cómo se ha de sentir Dios cuando Debbie y yo nos hemos involucrado en dar y bendecir a otras personas.

El hecho es que cada vez que le hemos dado algo a alguien, nos hemos encontrado con una de dos actitudes. La gente responde a las bendiciones con gratitud o con envidia. Permítame explicarle lo que quiero decir.

La segunda respuesta es la más común cuando hemos decidido darle a alguien en varias ocasiones. Cuando usted le da algo a alguien una vez, esa persona puede estar sorprendida y agradecida. Pero después que usted ha sido generoso varias veces, hay una tendencia en esa persona a ver ese regalo como algo a lo que tiene derecho.

Nosotros le respondemos a Dios de esa misma manera todo el tiempo. Dios, repetidamente, nos bendice y nos da; y antes que pase mucho tiempo, es algo que esperamos que suceda. Si deja de suceder, nos sentimos ofendidos y enojados.

Es envidia o gratitud. Tuve una experiencia que ilustra perfectamente esta diferencia.

En una de las ocasiones en que Debbie y yo estábamos regalando un auto, nos paramos en la entrada de nuestra casa, junto a la pareja que íbamos a bendecir. Resulta que en esa ocasión había dos autos en la entrada al estacionamiento, el que íbamos a donar y el nuestro. La esposa respondió a nuestro regalo con gratitud. Ella estaba muy emocionada y era muy expresiva al dar las gracias. El marido, por el otro lado, no lo estaba. Mientras hablábamos, me comentaba una y otra vez acerca de lo bonito que estaba mi auto.

Un poco más tarde, cuando entramos a la casa, él finalmente nos preguntó: "¿Creen que alguna vez van a donar el otro auto?". Recuerdo haber pensado, "¡A usted, no!".

Necesitamos estar conscientes que nuestras actitudes hacia las posesiones tienen una habilidad poderosa de exponer la verdadera naturaleza de nuestros corazones. Ya sea envidia o gratitud, el dinero y las posesiones materiales lo traerán a la luz del día.

Si usted es padre, hágase esta pregunta: "¿Qué actitud de mis hijos me siento más motivado a recompensar: envidia o gratitud?". Obviamente, todo buen padre quiere recompensar la gratitud, igual que Dios.

Bendiciones del maní

Cuando Dios trabaja en nuestros corazones, nosotros simplemente damos por dar, no para recibir. Las bendiciones que recibimos son el resultado, no el objetivo.

Vi un hermoso ejemplo al respecto cuando fui a Costa Rica una vez para predicar en un Instituto Bíblico. Descubrí que cada viernes, en este instituto, tienen lo que le llaman un "Día para bendecir a otros", un día en que motivan a los estudiantes a que den a otros.

Escuché acerca de un estudiante que no tenía dinero y que trabajaba, para pagar su colegiatura, en los campos donde se cosechaba maní. El estudiante fue a ver a su jefe y le dijo: "¿Quiero saber si usted podría retener de mi sueldo el precio de un maní para que yo tenga algo para darle a alguien el "Día para bendecir a otros?" (Tenga en mente que hubiera sido muy fácil que ese joven se hubiera echado en sus bolsillos uno o dos manís mientras trabajaba en los campos. Dios bendice a personas que demuestran honestidad.) El dueño estuvo de acuerdo. Resultó que cada viernes, este estudiante llevaba un maní a la escuela y se lo daba a otro estudiante de su clase.

No nos debe sorprender que Dios comenzó a bendecir a este joven que tenía un corazón tan generoso y bondadoso. Después de poco tiempo, él ya no daba maní en el "Día para bendecir a otros", sino que daba dinero. Para finales del semestre, también estaba comprando lápices y otros artículos escolares para los estudiantes más pobres.

Al final de ese año, Dios lo había bendecido tanto que pudo pagarle la colegiatura a otro estudiante. Y cuando llegó su graduación, estaba pagando la colegiatura de diez estudiantes además de la suya.

Pocos años después de graduarse del Instituto Bíblico, él compró la finca de maní donde había trabajado y estaba pagando los gastos de colegiatura de muchos estudiantes, que de otra manera no hubieran podido asistir al Instituto.

Y todo comenzó porque Dios obró en su corazón. El estudiante dio cuando todo lo que tenía para dar era un maní. No se trata de la cantidad que damos. Se trata del motivo detrás de nuestro dar.

¿Bendice Dios a los que dan? ¡Absolutamente! Pero esas promesas de bendiciones son hechas, no para atraernos, sino para liberarnos del temor y la aflicción que impiden que muchos creyentes sean dadores generosos.

Sí, cuando usted da, "Se les dará: se les echará en el regazo una medida llena, apretada, sacudida y desbordante" (Lucas 6:38).

Dios derrama bendiciones sobre los que dan, y lo hace para que ellos puedan continuar dando aún más para su Reino, pero se requiere un transplante de corazón.

Cuando lleguemos a dar simplemente porque tenemos un corazón generoso, bondadoso y lleno de gratitud hacia Dios, estaremos en el camino correcto para vivir una vida llena de bendiciones.

Capítulo 7

HAGA LO CORRECTO

¿SE ACUERDA DE nuestra camioneta vieja que mencioné en el capítulo uno? Bueno, había una razón por la cual manejábamos esa "antigüedad". No era porque, desde el punto de vista del mundo, no tuviéramos dinero para comprar algo mejor. Habíamos comprado un auto viejo porque Dios nos había dado instrucciones sobre tres cosas que teníamos que hacer en cuanto a nuestras finanzas:

1. Paguen sus deudas
2. Nunca manipulen a otros
3. Den a otros

Para nosotros, estos tres importantes principios financieros han sido las bases fundamentales para vivir una vida llena de bendiciones. Y creo que también representan para usted las claves para vivir en la Tierra prometida financiera de Dios.

Por lo tanto, en este capítulo quiero elaborar sobre estos tres principios y compartir algunos testimonios que creo encontrará alentadores e instructivos.

Paguen sus deudas

Compramos esa camioneta modelo 1973 que tenía 130 000 millas (209,200 kilómetros) por una sencilla razón. Fue el único vehículo en funcionamiento que pude encontrar por el cual podía pagar al contado. Lo compramos por $750 dólares.

Poco antes de comprarlo, habíamos estado manejando un auto totalmente equipado que sólo tenía un año de uso.

Era un auto muy bonito con un pago mensual muy alto, $370 dólares para ser exactos. A modo de comparación, el pago de nuestra casa en ese tiempo era de $320 dólares mensuales. (Tenga en mente que estamos hablando del dólar a principios de los años ochenta.) No le tomó mucho tiempo a Dios demostrarnos lo absurdo de esto desde el punto de vista de un buen administrador. De hecho, era ¡ridículo! Dios nos había dicho que lo vendiéramos y que trabajáramos para salir de deudas y eso hicimos. Entonces compramos esa camioneta por $750 dólares. Oramos al respecto. La ungimos con aceite (como un litro por semana); y le teníamos cariño porque, a pesar de que no era mucho, sabíamos que estábamos en el centro de la voluntad de Dios.

Nos tomó un año salir completamente de las deudas. Sé que puede estar pensando que a usted le tomaría mucho más tiempo, pero déjeme contarle lo que hicimos para que fuera una realidad.

Durante ese tiempo, no compramos nada que no fuera una verdadera necesidad. No comíamos fuera. No íbamos al cine. No compramos ropa nueva. Ni siquiera compramos un horno de microondas cuando el nuestro se descompuso a mitad del año.

Durante ese año, no hicimos compras porque habíamos hecho el compromiso leal de salir de las deudas, sin importar el tiempo que nos tomara. Le dijimos al Señor: "Estamos hablando en serio acerca de esto" y se lo demostramos.

Muchas personas me han dicho que quieren salir de sus deudas, sin embargo, nunca cambian su estilo de vida. Continúan comiendo en restaurantes todo el tiempo. Continúan gastando muchísimo dinero en entretenimientos y en vacaciones. Continúan comprando ropa nueva. Hasta continúan haciendo importantes compras a crédito como casas o automóviles nuevos.

Recuerdo una pareja de nuestra iglesia que tenía problemas financieros serios y que vinieron a pedir nuestros consejos. A diferencia de la mayoría, ellos sí hicieron lo que les aconsejamos. (Me sorprende ver la cantidad de gente que viene a pedir consejos a su pastor y después ignoran los consejos dados. ¡No sé por qué entonces piden que se les aconseje!)

Esta pareja, sin embargo, nos pidió consejos y los siguieron. Le dijimos de una manera cariñosa pero franca: "No pueden pagar la casa en la que están viviendo. Van a tener que venderla y conseguirse un lugar más pequeño. Además, van a tener que tomar otras medidas radicales".

Lo sorprendente es que de hecho lo hicieron. Ellos siguieron consejos guiados por el Espíritu de Dios. ¿El resultado? Dios ha bendecido muchísimo a esa familia. De hecho, hace poco, esa pareja pudo donar un auto a un joven, de nuestra iglesia, que lo necesitaba.

Ellos pasaron de estar en una situación financiera de gran dificultad a tener la libertad de poder dar un auto. Con la reducción de sus gastos, su verdadero estándar de vida (sus niveles de gozo, paz y realización) ha aumentado enormemente.

La realidad es que si va a vivir el estilo de vida de un dador, usted va a tener que hacer ajustes en su estilo de vida para que le permitan tener algo para dar. Una de las maneras de lograr esto es salir de deudas.

Cuando Dios vio que nuestro compromiso de salir de deudas era en serio, comenzó a bendecirnos tremendamente. Es por eso que pudimos salir de deudas en solamente un año.

Eso es lo grandioso de este principio. Usted nunca está solo. Dios está listo y deseoso de darle toda la ayuda del cielo si tan sólo da un paso de fe y comienza.

Así que permítame preguntarle: "¿Cuán comprometido está usted con obedecer a Dios en sus finanzas?".

Debbie y yo hemos llegado a comprender que todo nuestro dinero le pertenece a Dios. Por lo tanto, necesitamos pedirle permiso antes de gastarlo. Una práctica muy valiosa es orar sobre cualquier gasto significativo y esperar una noche antes de comprometerse.

Obviamente no estoy hablando de orar antes de escoger qué marca de cereal comprar en un supermercado. Me refiero, sin embargo, a presentarle a Dios casi toda compra—grande o pequeña—y esperar una noche antes de tomar una decisión.

Mire, he descubierto que aproximadamente el 80% de nuestras compras están hechas impulsivamente. Una pequeña oración y un breve período para reflexionar, nos pueden evitar un sin número de errores al gastar el dinero.

CADA VEZ QUE HE HECHO LO CORRECTO, DIOS SIEMPRE ME HA BENDECIDO.

Este compromiso es especialmente útil cuando un vendedor lo está presionando para que tome una decisión inmediata. Cuando un posible comprador dice "necesito orar al respecto", muchos vendedores de artículos de alto valor han sido entrenados para decir que respetan su deseo y que volverán en unos momentos para que les dé su respuesta. Pero los vendedores no tienen una respuesta cuando se les dice que usted no hace ninguna compra sin orar y esperar una noche, antes de tomar una decisión.

Una de las mayores recompensas de obedecer a Dios y salir de deudas es la libertad de hacer lo correcto cuando Dios le habla al respecto. Permítame darle unos ejemplos.

Una vez tuve un empleado disgustado que me acusó de haberlo engañado quitándole $2,500 dólares que le pertenecían. Yo tenía todos los registros financieros que mostraban que él estaba equivocado. ¡No se le debía nada y yo podía probarlo! Pero creo en el principio de siempre dar la milla extra y sé que Dios siempre me bendice por ello.

Así que vendimos un vehículo que teníamos en ese momento (ya lo habíamos pagado en efectivo, por lo tanto nos pertenecía), compré un auto menos costoso. Tomé $2,500 dólares de las ganancias y se los envié.

No le debíamos el dinero; pero simplemente, sentimos que Dios nos decía: "Den la milla extra". La semana siguiente, alguien nos regaló una camioneta que valía $25,000 dólares.

En otra ocasión, tuve un empleado que me acusó de deberle $400 dólares. Él estaba equivocado. No le debía los $400 dólares y lo hubiera podido probar. Pero de nuevo, quisimos dar la milla extra. Romanos 12:18 nos dice: "Si es posible, en cuanto dependa de ustedes, estén en paz con todos los hombres". Francamente, preferiría ser engañado por los hombres y bendecido por Dios que insistir en la justicia por parte de los hombres y perder las bendiciones de Dios. Cada vez que he hecho lo correcto, Dios siempre me ha bendecido.

Así es que le envié a mi exempleado los $400 dólares. A la semana, recibí una ofrenda inesperada de $5,000 dólares. Dios siempre honra a los que hacen lo correcto.

Dios está buscando buenos administradores. Está buscando personas que "den a César lo que es de César y a Dios lo que es de Dios" (Mateo 22:21). Eso también quiere decir que no debemos hacer trampa en nuestras declaraciones de impuestos o ser tacaños en nuestro dar.

Piénselo. Si Dios realmente ha obrado en nuestros corazones, ¿por qué debemos estar buscando maneras de disminuir la cantidad de nuestros diezmos? ¿Por qué calcular nuestro diezmo a base de nuestro ingreso neto en lugar de dar a base del ingreso bruto?

Esa es la clave; Dios quiere hacer una obra en nuestros corazones.

Nunca manipulen a otros

La segunda base fundamental en el cimiento que Dios puso en nuestras vidas llegó en forma de instrucciones muy claras de parte de Él: "No manipules".

Cuando era un evangelista, tenía una lista de personas que en una ocasión o en otra, habían donado a mi ministerio. Periódicamente, les enviaba cartas a las personas en esa lista, dándoles noticias acerca del ministerio e informándoles de las necesidades que teníamos.

Permítame enfatizar ahora mismo el hecho de que no hay nada malo en hacerlo. Es apropiado que los ministerios tengan una lista de donadores y que se les informe acerca de las necesidades. Pero descubrí que había comenzado a ver esa lista como la fuente para cubrir mis necesidades.

Por ejemplo, había un hombre de Houston, Texas, en esa lista, que cada vez que recibía una carta nuestra nos enviaba $300 dólares. Cuando el Señor comenzó a trabajar sobre la actitud de mi corazón hacia esa lista, recuerdo haber pensado: "Pero Señor, si no le envío cartas a las personas de esa lista, las personas como el hombre de Houston van a dejar de enviar dinero". Y el Señor respondió: "Si quiero que él dé, yo se lo diré".

Obedientemente, dejé de enviarles cartas a las personas que había visto como la fuente de mi provisión. Y por supuesto, el señor de Houston dejó de enviarme los $300 dólares.

Recuerdo que le dije al Señor: "Señor, pensé que dijiste que si querías que él me enviara dinero, hablarías con él". Y el Señor me contestó: "Bueno, obviamente no se lo he dicho, ¿o sí?".

De ese modo, el Señor comenzó a mostrarme algunas cosas acerca de dónde estaba poniendo mi confianza y mis expectativas para mi provisión. Corrigió mi enfoque con respecto a quién era mi fuente de provisión.

Obviamente, hacer lo correcto significa vivir con integridad, sin agendas ocultas y sin motivos ocultos. De nuevo, no hay nada malo en que un ministerio mantenga una lista de donadores. Lo que es incorrecto es comenzar a ver a las personas de esa lista como su fuente de ingresos, y no a Dios. Cuando cae en esa trampa, es muy fácil comenzar a utilizar la manipulación para hacer que la gente dé.

En mi caso, lentamente, había dejado de ver a Dios como alguien quien podía suplir mis necesidades; y en su lugar, había comenzado a buscar a la gente.

Si usted está en un ministerio vocacional como pastor, misionero, evangelista o está en algún otro tipo de ministerio en el que sus recursos provienen de ofrendas y donativos, ésta es un área que tiene que vigilar. Es una trampa en la que cualquiera puede caer.

¿A quién está viendo usted como su fuente? ¿De quién espera recibir su provisión? ¿Está usted siempre insinuando cuando está con gente que le puede ayudar?

En el siguiente capítulo hablaré más al respecto. Pero le diré ahora mismo que la gente que tiene el don de dar, posee la habilidad de discernir cuándo alguien los quiere manipular. Y el Señor no les permitirá que recompensen esa manipulación. Para serle franco, la manipulación es una forma de brujería. Es tener certidumbre en nuestra habilidad de hablar y de persuadir en lugar de confiar en la habilidad de hablar y el persuadir de Dios. ¡Dios le puede dar provisión sin la necesidad de su ayuda manipuladora!

Por ejemplo, en una reciente reunión de los ancianos de la iglesia en la que soy pastor, todos nos sentimos guiados a donar dinero a una iglesia en particular, para la construcción de su edificio. No es una iglesia con la que tuviéramos una relación muy cercana. De hecho, ni siquiera habíamos conocido a sus dirigentes. Lo único que sabíamos era que el Espíritu Santo nos estaba diciendo que les ayudáramos. Probablemente las personas de esa iglesia habían orado por la provisión de Dios y Él encontró oídos dispuestos en nuestros ancianos.

Dios es capaz de cubrir nuestras necesidades, pero no lo hará si dependemos de la manipulación. Como con todo lo que hasta ahora hemos tratado en este libro, es un asunto del corazón.

Yo hago todo lo posible por evitar la manipulación. Por ejemplo, en casi veinte años de enseñar y predicar acerca del dar, nunca he recibido una ofrenda para mi ministerio después de haber dado una sesión de enseñanza sobre este tema. Al contrario, siempre he motivado a mis oyentes a que den primero a sus iglesias, que den para cubrir las necesidades básicas del Cuerpo de Cristo y que den a otros ministerios.

Yo no tendría en mi iglesia a un predicador que después de haber enseñado acerca del dar, estuviera dispuesto a recibir una ofrenda para sí mismo. Tristemente, hay muchos que no sólo están dispuestos a hacerlo sino que también insisten en ello.

Tengo un amigo que es pastor cuya iglesia estaba teniendo problemas financieros. Por recomendación de otra persona, llamó a un evangelista muy conocido que es famoso por su predicación acerca el dinero. Mi amigo sólo buscaba algún consejo y algunas ideas para comunicar a su congregación las verdades acerca del dar. El evangelista le dijo que quería venir para ayudarlo personalmente. Se ofreció para venir a predicar sobre el tema del dar. Mi amigo aceptó su oferta.

Ese evangelista fue y habló sobre el concepto de pagar "diezmos atrasados" (la idea es que si se ha retrasado en sus diezmos, debe ponerse al día). Personalmente, yo no he visto ese concepto enseñado en ninguna parte de las Escrituras. Por el contrario, como en cualquier otra área de nuestras vidas en la que nos hemos "retrasado", la respuesta es el arrepentimiento, no la restitución. Jesús ha pagado el precio total de todos nuestros pecados y no hay manera en que nosotros podamos pagarle por ello.

No obstante, la gente respondió al mensaje del evangelista y durante la ofrenda dio más de $60,000 dólares. Al terminar el servicio, este evangelista le dijo al pastor que la ofrenda entera debería ser para él (el evangelista) y no para la iglesia. "Usted será bendecido si siembra esta ofrenda en mi ministerio," le dijo el evangelista.

Eso fue pura manipulación. El evangelista dejó a esa iglesia igual como la encontró. Estoy convencido que estas cosas son una abominación para el Señor.

A riesgo de que parezca que estoy presumiendo (Créame, no es mi intención. Todo se lo debo a la gracia de Dios), tengo que decirle que en cada iglesia donde he predicado acerca del dar, el pastor siempre me ha comentado que la salud de su iglesia ha mejorado después.

Varias iglesias han visto la duplicación de sus recursos, y en algunos casos hasta se triplican, una vez que la gente comprende la revelación acerca del gozo del dar y diezmar. Y no es sólo el dinero lo que aumenta es esas iglesias, sino también la paz y la alegría. Aumenta el número de personas que asisten, así como el número de voluntarios. La intensidad de su alabanza también se incrementa. Todas estas cosas son señales de la salud de una iglesia. Y todo esto sucede cuando la gente permite que Dios trabaje en sus corazones por medio del dar.

¿Por qué sucede esto? Creo que la respuesta está en Mateo 6:21. Recuerde que en este verso Jesús dijo: "Porque donde esté tu tesoro, allí estará también tu corazón". Cuando la gente comienza a invertir su tesoro en Dios a través de la iglesia, sus corazones lo siguen. Es la misma dinámica que se ve cuando alguien invierte por primera vez en la bolsa de valores. Cuando se invierte en acciones, usted comienza a leer la sección de valores del periódico o en el internet para ver cómo van cambiando sus acciones. Usted busca escuchar noticias acerca de la compañía en la televisión.

¿Por qué? Porque donde esté su tesoro, allí irá su corazón. Si usted quiere que su corazón se enfoque en las cosas en las que el corazón de Dios está enfocado—la iglesia local y las almas perdidas—ponga allí su tesoro. Su corazón lo seguirá.

Cuando el pueblo de Dios entiende la revelación acerca del dar—cuando Dios comienza a trabajar en sus corazones—ellos comienzan a desear ayudar en sus iglesias. Ellos quieren ayudar a que crezca el ministerio de los niños. Quieren tener un buen ministerio para jóvenes, un coro excelente y un equipo de trabajadores bendecidos. Quieren ser generosos en dar ofrendas a los misioneros.

El ambiente entero de una iglesia cambia cuando la gente entiende la revelación de la generosidad, del diezmo y del dar.

¡Den a otros!

Sí, Dios ha dicho: "Paguen sus deudas". También ha dicho: "Nunca manipulen a otros". Y la tercera cosa que Dios nos ha dicho en el área de nuestras finanzas es: "Den a otros". Debemos comenzar a dar generosamente, no sólo dar el diezmo, sino dar más allá del diezmo.

Recuerdo la primera vez que Debbie y yo comenzamos a dar más allá del diezmo regularmente. Dios inmediatamente comenzó a bendecirnos y a multiplicar nuestros ingresos. Después de orar un poco, nos comprometimos a dar el diez por ciento de nuestro ingreso bruto como diezmo a nuestra iglesia y un diez por ciento adicional, a las misiones. Ese año, así como duplicamos nuestro dar, Dios duplicó nuestro ingreso.

Hasta ahora he compartido con usted muchos testimonios acerca de nuestro propio dar. Ahora, permítame relatar algunos testimonios asombrosos que han surgido cuando he predicado este mensaje a otras personas.

En una iglesia, donde estaba programado que yo predicara, había una familia que durante una crisis personal había pedido prestado $1,200 dólares a otra familia de la iglesia. La otra familia no necesitaba que se les devolviera el dinero y hasta les habían dicho que no se preocuparan por pagarles.

Pero la familia que había pedido prestado el dinero sentía que, a fin de ser buenos administradores, necesitaban pagar el dinero rápidamente. Esto se convirtió en el foco de sus oraciones. Le pedían a Dios que les diera la habilidad de pagar el préstamo.

Una noche, me estaba preparando para predicar acerca del dar. Esa misma tarde, la familia que había pedido prestado estaba viendo un programa cristiano llamado *Club 700* de Pat Robertson. Mientras lo veían, el Dr. Robertson tuvo una palabra profética acerca de una familia que tenía una deuda. Dijo que Dios les iba a dar una manera sobrenatural de poder pagarla. Emocionados y en fe, tomaron para sí esa palabra.

Esa noche, como había planeado, prediqué acerca del dar. Motivé a la gente a que primero diera a su iglesia y luego a donde el Espíritu Santo los guiara. Mientras predicaba, la gente espontáneamente comenzó a acercarse a la familia y a poner dinero en sus bolsillos. Cuando llegaron a casa, pusieron el dinero sobre la mesa de la cocina. Contaron exactamente $1,200 dólares. La noche siguiente, con regocijo, pudieron pagar todo el dinero que se les había prestado.

En otra ocasión, estaba predicando en una iglesia en la que uno de sus miembros había tenido un accidente automovilístico, por lo que estaba temporalmente en una silla de ruedas. Los doctores le habían dicho que debido a las lesiones, tendría que usar la silla de ruedas por unos tres meses y luego usaría muletas por otros tres meses.

Cuando yo prediqué allí, sólo habían pasado dos semanas desde el accidente. El camión viejo que había estado manejando cuando tuvo el accidente estaba totalmente destruido y no tenía seguro.

Esa noche que prediqué, mucha gente se le acercó y, guiados por el Señor, le dieron dinero. Cuando llegó a su casa contó el dinero, eran $2,000 dólares; exactamente el precio de un camión viejo que había encontrado para reemplazar el que había quedado totalmente destrozado en el accidente.

Sin embargo, al orar al respecto, el Señor le mostró los nombres de veinte personas a las que debía darles $100 dólares a cada una. Dios también había trabajado en el corazón de este hombre en lo referente al dar.

La noche siguiente, fue a cada una de esas personas y les dio el dinero, tal como se lo había dicho el Señor. Al pasar unos pocos días, el Señor le habló a otra persona en la iglesia y le dijo que comprara un camión nuevo para ese hombre. Debía llevárselo al hombre que se había accidentado y, además, debía orar con él para que se sanara.

El hombre oró por él y Dios, milagrosamente, lo sanó en ese instante. ¡A la mañana siguiente manejó hacia el trabajo en su camión nuevo!

El dar toca el centro de todo lo que Dios quiere hacer en nuestras vidas. Él quiere hacer milagros en nuestras vidas, y muchas veces comienza haciendo milagros en nuestros corazones en lo referente a nuestra obediencia con las finanzas.

Confíe y obedezca

Una vez, yo estaba enseñando en una iglesia sobre los principios del dar y podíamos ver que el Espíritu de Dios se movía increíblemente entre la gente. Estaban respondiendo y dándole a la iglesia y unos a otros según les guiaba el Señor.

Una noche, se me acercó una pareja que lloraba casi incontrolablemente. Me dijeron que el Señor les había indicado que dieran todo su dinero. Yo me había enterado de que habían hecho un cheque por todo lo que tenían. Ahora me traían ese cheque diciendo: "Se supone que debemos darle este cheque. Haga con él lo que Dios le indique".

Inmediatamente, supe lo que el Señor quería que hiciera. Cuando me dieron el cheque les pregunté: "¿Están diciendo que este dinero es mío y que puedo hacer con él lo que quiera?". Mientras lloraban, asintieron con su cabeza y respondieron que sí. Así es que les dije: "Bueno, sé exactamente lo que Dios quiere que haga con esto". Y lo rompí frente a ellos. De inmediato cayeron al piso y continuaron llorando incontrolablemente.

Dios obró maravillosamente es sus corazones esa noche, de forma que los cambió para el resto de sus vidas. Ellos nunca fueron los mismos. Ellos habían superado un gran examen desobediencia.

Hasta este día, no sé de cuánto dinero se trataba, ni me importa. Lo que sé es que, para ellos, era una cantidad enorme y que para Dios fue algo precioso. También sé que ninguna cantidad de dinero podría haber comprado lo que Dios hizo esa noche en sus vidas.

Este incidente me recuerda un principio espiritual que mi esposa y yo hemos llamado "el principio de O.I.". O.I. quiere decir "Obediencia Instantánea". Hemos llegado a entender la importancia de responder instantáneamente cuando escuchamos la voz de Dios.

Con esa pareja, yo podía haber esperado ver de cuánto dinero se trataba. Podía habérmelo echado al bolsillo, orar al respecto y romperlo más tarde. Pero habría sido peligroso.

Algunas veces al dar, si espera, Satanás tiene tiempo para darle toda clase de buenas razones para no hacer lo que Dios le ha dicho. Mientras más rato espera, su mente y sus emociones tienen más tiempo para confundir el mensaje.

Si Dios habla, hágalo. Confíe y obedezca. ¡Y hágalo inmediatamente! No le dé a Satanás la oportunidad de ayudar a racionalizar otro curso de acción. Siga el principio O.I.

Y recuerde que los tres elementos que he presentado aquí: (1) paguen sus deudas, (2) evite manipular a otros y (3) dé conforme Dios se lo indica. Estos elementos representan los cimientos de una vida llena de bendiciones. Estoy convencido de ello.

Ponga en práctica estos principios fundamentales y observe cómo comienzan a suceder milagros en sus finanzas.

Capítulo 8

EL DON DE DAR

MUCHA GENTE SE sorprende al descubrir que hay un don espiritual "de dar," el cual es tan válido como los dones de profecía y enseñanza. Tendemos a leer y a escuchar mucho sobre los diferentes dones espirituales. Pero por alguna razón, oímos muy poco acerca del don de dar. El hecho es que este don se menciona prominentemente en Romanos 12:

> *Tenemos, pues, diferentes dones, según la gracia que nos es dada: el que tiene el don de profecía, úselo conforme a la medida de la fe; el de servicio, en servir; el que enseña, en la enseñanza; el que exhorta, en la exhortación; el que reparte, con generosidad; el que preside, con solicitud; el que hace misericordia, con alegría.*
>
> —V. 6–8, ÉNFASIS AÑADIDO

Este pasaje menciona siete dones motivacionales. Normalmente se les llaman los dones motivacionales porque tienden a identificar lo que más motiva a la persona que tiene ese don. Yo creo que cada cristiano tiene uno de estos como su don primario. Por supuesto, un cristiano lleno del Espíritu Santo debería tener todos estos dones operando en su vida en varios niveles. Jesús tenía todos los dones operando en su totalidad.

Nosotros, por otro lado, quizás podamos tener dos o tres de estos dones operando frecuentemente en nuestras vidas; pero uno de ellos en particular va a ser nuestro don motivacional primario. Por eso es necesario que todos trabajemos juntos para formar el Cuerpo de Cristo.

En los versículos que acabamos de leer, encontramos los dones de la profecía, de ministrar (o servir), de enseñar, de exhortar, del dar (o repartir), el de liderazgo (o administrar) y el de la misericordia. Estos son los siete dones motivacionales del Espíritu. He aquí una breve definición de cada uno:

- Profecía—revela los motivos del hombre y busca conformidad con la Palabra y las leyes de Dios.
- Ministrar (o servir)—cubre necesidades de una manera práctica.
- Enseñar—busca y presenta verdades bíblicas.
- Exhortar—amonesta y motiva a otros.
- Dar—cubre necesidades materiales, frecuentemente por las finanzas.
- Liderazgo (o administrar)—organiza y dirige.
- Misericordia—se identifica con y demuestra compasión hacia otros.

Además, mucha gente no conoce los versículos que siguen inmediatamente a los que acabamos de leer. Romanos 12:9-15 da información relacionada a cada don.

Por ejemplo, el versículo 9, le habla a aquellos que tienen el don de profecía: "El amor sea sin fingimiento. Aborreced lo malo y seguid lo bueno". Eso es lo que hace alguien que tiene el don de profecía: aborrece las cosas malas y se aferra a las buenas. Pero la amonestación de las Escrituras para ellos es que "el amor sea sin fingimiento". En otras palabras, que amemos a todos-los buenos y los malos.

El versículo 10, motiva a los que tienen el don de servir: "Amaos los unos a los otros con amor fraternal; en cuanto a honra, prefiriéndoos los unos a los otros". Esta es una gran descripción de alguien que sirve con excelencia.

El versículo 11, se correlaciona con el don de enseñar: "en lo que requiere diligencia, no perezosos; fervientes en espíritu, sirviendo al Señor". Los maestros tienden a ser muy diligentes, pero se les amonesta en las Escrituras a que sean fervorosos cuando enseñan las verdades que Dios les ha dado en las Escrituras.

El siguiente versículo, el número 12, ofrece instrucciones para aquellos con el don de exhortar: "gozosos en la esperanza, sufridos en la tribulación, constantes en la oración". Los que exhortan saben cómo regocijarse, pero también saben cómo ser pacientes con las personas. También son intercesores maravillosos, oran por la gente que tiene necesidades.

Y en el versículo 13, encontramos la descripción de trabajo de alguien que tiene el don de dar: "compartid las necesidades de los santos y practicad la hospitalidad". La gente que conozco que tiene el don de dar verdaderamente, les encanta dar para cubrir las necesidades de los santos. Además, son muy hospitalarios, abriendo las puertas de sus hogares a otros. Algunos dadores que conozco han construido habitaciones adicionales en sus hogares para que misioneros puedan quedarse con ellos cuando regresan, de otros países, a los Estados Unidos.

El versículo 14 se relaciona con el liderazgo o la administración. Dice: "Bendecid a los que os persiguen; bendecid y no maldigáis". Ciertamente esto es algo que aquellos en posiciones de autoridad tienen que hacer todo el tiempo. Los que dirigen están acostumbrados a que todo el tiempo haya personas que hablan en su contra.

Finalmente, el versículo 15 se relaciona con el don de la misericordia: "Gozaos con los que se gozan; llorad con los que lloran". No tiene que decirle a aquellos que tienen el don de la misericordia que lloren con aquellos que lloran, ocurre naturalmente. Pero a veces hay que amonestarlos para que se regocijen con aquellos que se regocijan.

Cuidado con estas cosas

Como ya sabe, mi esposa y yo hemos sido usados por Dios en el área de dar por muchos años. He compartido con usted un increíble período durante el cual pudimos dar 9 autos en 18 meses. Mientras escribo este libro, ya hemos donado 14 vehículos y seguimos contando. Bendecir a la gente es divertido (¡y crea hábito!). Además, hemos podido regalar la primera casa que tuvimos. Hemos pasado por temporadas en nuestras vidas en las que hemos regalado el 70% de nuestros ingresos. Y en tres ocasiones distintas en nuestras vidas, hemos tenido el privilegio de dar todo lo que tenemos. (Compartiré algunos detalles sobre el episodio más reciente, en el último capítulo de este libro.)

Por favor, entiéndame que no le estoy diciendo esto para presumir. No me interesa felicitarme. Estoy interesado, sin embargo, en dejarle saber que he *vivido* los principios que estoy compartiendo con usted. Esta no es una teoría para mí, es la vida real.

Debido a que hemos podido caminar en el área de dar por muchos años, hemos aprendido varias cosas. Hemos aprendido mucho acerca de aquellos que operan en el don de dar y hemos aprendido muchísimo acerca de cómo responde la gente a aquellos que tienen dicho don.

Por ejemplo, me acuerdo de una ocasión en la que el Señor nos dijo que diéramos $1,000 dólares a unos conocidos que tenían una necesidad. Cuando les dimos el dinero, su respuesta fue: "Claro, para ustedes $1,000 dólares son como $100 dólares para la mayoría de las personas". La implicación era que teníamos más dinero del que podíamos utilizar y que dar $1,000 dólares no era un sacrificio para nosotros.

Esto nos dolió y no entendimos por qué hicieron ese comentario. Les acabábamos de dar $1,000 dólares. ¿Por qué no sólo dijeron: "Muchas gracias?". ¿Por qué dijeron: "Claro que para ustedes $1,000 dólares son como $100 dólares para la mayoría de las personas?".

Por supuesto, no era cierto. Mil dólares tienen el mismo poder de compra sin importar quién los tenga. Sin embargo, esto es lo mismo que pensamos acerca de las personas que Dios ha bendecido financieramente. Comentarios, como el que hizo esta pareja, revelan una falta de sensibilidad, gratitud y un concepto equivocado acerca del dinero.

Esto me recuerda a otra pareja que conocía nuestra reputación de ser dadores generosos. Cada vez que nos reuníamos, ellos comenzaban a hacer comentarios indirectos sobre todas sus necesidades financieras. Cuando les pareció que no estábamos captando sus insinuaciones, se volvieron más descarados. Claro que estábamos captando sus mensajes, pero no teníamos la intención de responder a su manipulación.

Recuerdo una ocasión en que uno de ellos dijo: "Sí, este mes no nos alcanzó para pagar algunas de nuestras cuentas, pero por supuesto ustedes no saben nada de eso". Por supuesto que sabíamos muy bien cómo se siente cuando el dinero no alcanza llegar hasta el fin de mes. Habíamos pasado por tiempos en que teníamos que confiar en que Dios iba a cubrir nuestras necesidades básicas. Aún la gente que ha sido tremendamente bendecida por Dios ha pasado por tiempos en los que no hay dinero.

La triste verdad es que, si el don de dar opera en usted, casi le garantizo que se va a encontrar con gente mal agradecida, insensible y manipuladora, está incluido en el paquete.

Unas palabras para los pastores

Este capítulo presenta varios consejos muy útiles para pastores. Realmente tengo el deseo de ayudar a pastores a que entiendan que algunas personas en sus iglesias tienen este don y cómo ellos pueden identificarlo y cultivarlo.

Es extraño. Muchos pastores saben instintivamente que necesitan nutrir, entrenar y desarrollar a las personas de su iglesia que tienen los dones de liderazgo, servicio o enseñanza. Los valiosos al Cuerpo de Cristo como para que sus dones no crezcan ni que se desarrollen.

Si usted tiene el don motivacional de dar, quiero que sepa que es un regalo espiritual maravilloso. Usted debe sentirse agradado y complacido que Dios le dio ese don. Espero que lo vea como un don espiritual que Dios quiere utilizar para construir la Iglesia y su Reino.

Si usted es un pastor o un líder, quiero retarlo a que le pida a Dios que lo lleve a un nivel más alto en el don de dar. Es muy difícil para un pastor poder guiar efectivamente a los dadores de su iglesia si él no tiene el corazón para dar o si no tiene un entendimiento de los principios bíblicos de mayordomía.

Yo les recomiendo que prediquen sin pena acerca del dar. Como 30% de las parábolas de Jesús tenían que ver con el tema del dinero. Me gusta predicar acerca del dar porque sé que va a ayudar a los que me escuchan. Sé que cuando la gente oiga y abrace la verdad acerca del dar, guiados por el Espíritu Santo, Dios va a bendecirlos y a cambiar sus vidas para bien.

Con toda sinceridad, cuando predico en mi congregación acerca del dar, mi motivación es ayudar a las *personas*, no a la iglesia. Sin embargo, le diré que, personalmente, no me gustan algunas de las frases que comúnmente se utilizan en las iglesias en cuanto al dar.

Por ejemplo, un ministro frecuentemente se para al frente de la iglesia y dice: "Ahora voy a *recibir* las ofrendas". Esto sugiere que la congregación son los dadores y que el pastor y su equipo son los recipientes de las mismas. Yo preferiría oír: "Ahora todos *vamos a dar nuestras* ofrendas". Esto indica que el pastor se une a la gente para darle al Señor.

Cómo deseo ver que los pastores le pidan a Dios que trabaje en sus corazones en el área del dar, y que luego prediquen con la pasión y el poder que surge de un corazón cambiado. Algunos no lo hacen porque temen que la gente se ofenda. Yo he oído algunos decir esto. Pero la verdad es que las únicas personas que se ofenden cuando se predica acerca del dar son las personas que no dan, aquéllas que están atrapadas por el espíritu de mamón. La gente que tiene una revelación acerca del dar no se ofenderá cuando usted predique al respecto y aquéllos que son esclavos de mamón, nunca podrán probar la libertad del dar a menos que escuchen la verdad.

Las personas que tienen el don de dar son una ventaja maravillosa para su iglesia. Un pastor puede acercarse a un dador genuino y compartir sus necesidades directamente con él sin que se ofenda. De hecho, ellos se lo van a agradecer porque tienen un gran deseo de apoyar cuando hay necesidades.

Una vez, un hombre con el don de dar nos describió cómo, personas como él, a menudo dan sus ofrendas (no diezmos) a ministerios afuera de la iglesia. ¿Por qué? Porque la visión de la iglesia no es suficientemente grande como para justificar los fondos que esas personas desean donar. En otras palabras, los pastores no tienen una visión lo suficientemente grande o la fe suficiente para poder atraer esos fondos.

30% DE LAS PARÁBOLAS DE JESÚS TENÍAN QUÉ VER CON EL TEMA DEL DINERO.

Quiero decirle a los pastores: "Pídale a Dios que le de una visión grande, porque Él ha dado el don de dar a individuos dentro de su iglesia, quienes tienen el deseo de dar grandes cantidades de dinero, si la visión es grande y merecedora".

Por supuesto, como ya he dicho, si comienza a ver a esas personas como su fuente principal en lugar de a Dios, usted no verá muchos resultados. Las personas que tienen el don de dar pueden percibir la manipulación desde lejos. Si usted comienza a insinuar en lugar de hacer una petición francamente, se ofenderán y no darán. Las personas que tienen el don de dar pueden captar engaños y fraudes más rápidamente que cualquier otra persona, porque ellos dan guiados por revelaciones sobrenaturales. Ellos dan guiados por la voz del Espíritu de Dios.

Recuerdo una vez en particular que yo me reuní con una persona que recién había conocido. Él era muy rico y yo sabía que tenía el don de dar, aunque en ese entonces él no lo había desarrollado totalmente.

Poco después de que nos sentamos a comer, me dijo: "Quiero dejar algo muy claro. La única manera que yo daré a su ministerio es si Dios me lo indica". Un poco asombrado por su franqueza, le dije: "¡Excelente! Yo también quiero dejar algo muy claro. Así como usted, yo también tengo el don de dar y no lo invité a comer para pedirle dinero. Para serle sincero, Dios nos ha bendecido abundantemente y no necesitamos su dinero. Estoy aquí porque Dios me ha revelado algunas cosas acerca del don de dar. El Señor me dijo que a pesar que usted tiene el don de dar, todavía no conoce los principios que lo rigen". En ese momento, él era quien estaba asombrado. Así que continué: "El Señor me dijo que hay cinco cosas acerca de las cuales usted ha estado orando. Si me lo permite, le puedo ayudar a que aplique su don de dar en esas áreas". Le resumí las cinco cosas que el Señor me había mostrado; y además de estar sorprendido por la exactitud, admitió que sí necesitaba ayuda en esas áreas. Desde esa ocasión, nos hemos hecho buenos amigos. Hasta el día de hoy, él me ha superado en el entendimiento de esta área y frecuentemente me ayuda a enseñarle a otros acerca del don de dar.

El pecado de la parcialidad

La Biblia nos desanima fuertemente a demostrar parcialidad; especialmente, hacia aquellos que son ricos o con posiciones prominentes dentro de la sociedad. "Pero si hacéis acepción de personas, cometéis pecado y quedáis convictos por la Ley como transgresores" (Santiago 2:9, RVR1995).

He observado que cuando se trata de relacionarnos con personas que tienen el don de dar, frecuentemente somos parciales y que eso se manifiesta de dos maneras distintas.

Por supuesto, hay ocasiones en que una iglesia hace cosas extraordinarias para tratar a un visitante rico mejor de lo que debería. Pero mi experiencia personal ha sido que los ricos a veces son tratados peor que otros, usualmente por envidia, celos o codicia.

En mi experiencia, las personas que han ejercitado fielmente el don de dar—y como resultado han sido bendecidas financieramente—no quieren ser tratadas en forma diferente a otras personas. Pero, frecuentemente, las personas que tienen grandes recursos son las más solitarias del mundo.

Por lo general, las personas adineradas han sido maltratadas por la iglesia. Han asistido a servicios durante los cuales, "los ricos" han sido objeto de chistes. Han escuchado sermones donde se presenta el éxito como si fuera un pecado o algo de lo que deberían avergonzarse. Y luego, algunos pastores se preguntan por qué las personas ricas no asisten a sus iglesias. Al tener esta actitud, podemos ver que muchos pastores y cristianos han sido infectados por la manera en que piensa el mundo.

El resentimiento hacia el éxito y la excelencia es una de las características del sistema del mundo de hoy. Piense un momento acerca de alguna de las películas o programas de televisión que ha visto recientemente. ¿En cuántas ha visto que "la persona mala" era un negociante exitoso? El "diabólico hombre rico" y la "corporación envidiosa" se han convertido en clichés de Hollywood.

Vea suficientes de estas películas y pronto estará pensando que todo aquel a quien le va bien en la vida debe haber mentido o traicionado a alguien, o hizo trampa para alcanzarlo. Esta mentira resuena en la gente porque atrae la envidia y los celos de la naturaleza humana caída.

En realidad, la gente que, a la larga, le va bien tiende a ser gente que hace las cosas como Dios manda (¡lo sepan o no!).

Considere las siguientes Escrituras:

> *El Señor da la riqueza y la pobreza; humilla, pero también enaltece. Levanta del polvo al desvalido y saca del basurero al pobre…*
>
> —1 Samuel 2:7–8

> *Las manos ociosas conducen a la pobreza; las manos hábiles atraen riquezas.*
>
> —Proverbios 10:4

> *La bendición del Señor trae riquezas, y nada se gana con preocuparse.*
>
> —Proverbios 10:22

El que es generoso prospera; el que reanima será reanimado.

—Proverbios 11:25

De acuerdo a estas escrituras, la riqueza es una bendición de Dios y un producto de la diligencia y la generosidad. Así que déjeme preguntarle: ¿Por qué despreciar a alguien a quien Dios ha bendecido? ¿Por qué consideramos que algo que viene de la mano de Dios puede ser malo o vergonzoso? Es casi una blasfemia.

Sugiero que debemos cambiar nuestra actitud hacia el dinero. Necesitamos examinar nuestros corazones para ver si tenemos prejuicios en contra de personas que han sido bendecidas financieramente. Los celos y la envidia son comunes en nuestra cultura y tristemente también en nuestras iglesias. Es posible que su forma de pensar pueda estar envenenada por el espíritu de este mundo.

A lo mejor Abram no hubiera sido bienvenido en muchas de las iglesias de hoy en día. ¿Por qué? "Abram era muy rico en ganado y en plata y oro" (Génesis 13:2).

Muchos de los hombres de la Biblia, a quienes reverenciamos y respetamos como hombres de fe, fueron bendecidos financieramente por Dios. Fueron bendecidos porque eran buenos administradores y porque Dios sabía que podía confiarles Sus riquezas. Él sabía que usarían sus recursos para bendecir a otros y para llevar a cabo los propósitos de Dios.

Necesitamos examinar nuestros corazones, incluyendo nuestros sentimientos, hacia la gente que nos parece que vive extravagantemente de acuerdo a nuestros estándares. Por ejemplo, déjeme contarle sobre un amigo mío que es adinerado. Él hizo los cimientos de su casa con piedras preciosas. La entrada a su garaje está hecha con oro y las rejas con perlas. ¿Sabe de quién estoy hablando? Estoy hablando de Dios. ¿Diría usted que Él es ridículo? ¿Diría usted que Él tiene problemas en esta área?

El problema, claro, no es el dinero. El problema es cómo pensamos acerca del dinero y de aquellos que tienen más que nosotros.

Como todos nosotros, la gente rica sólo está buscando un lugar donde puedan ser aceptados. Des-graciadamente, creo que en la Iglesia los hemos tratado tan mal que ahora ofrendan a ministerios afuera de las iglesias y a organizaciones benéficas cristianas en vez de sus iglesias.

PARA CADA VERDAD DE DIOS, SATANÁS TRATA DE OFRECERNOS UNA IMITACIÓN DISTORSIONADA.

Por favor, entienda que no me opongo a que la gente, que tiene el don de dar, done recursos a ministerios diferentes a su iglesia, pero también quisiera ver que las iglesias locales obtengan todos los recursos que Dios quiere que tengan.

Tengo pasión por ver que las iglesias tengan suficientes fondos para contratar al personal que necesitan, construir los edificios que necesitan y enviar todos los misioneros que quieran para llevar a cabo el más alto llamado de Dios. Esto sólo se puede hacer si las iglesias dejan de ignorar (o aun despreciar) uno de los siete dones que da el Espíritu Santo.

Características de un dador

Claro, para cada verdad de Dios, Satanás trata de ofrecernos una imitación distorsionada.

Por ejemplo, creo que durante los años de 1980, Dios trató de restaurar en la Iglesia la verdad acerca del dar. Pero Satanás distorsionó esa verdad y entonces vimos esos ministros que explotaron a la gente y que reunieron cantidades enormes de dinero para su propio beneficio. Eran abusos que todo el mundo podía ver. Sí, Dios quiere bendecir a su pueblo, pero para los propósitos correctos.

Como hemos visto, el don de dar es uno de los siete dones motivacionales. Si esos dones están igualmente distribuidos entre el pueblo de Dios, entonces aproximadamente el 15% de los creyentes tienen ese don. Sin embargo, las encuestas muestran que sólo entre el 5% y el 7% de los cristianos piensan que tienen el don de dar.

¿Por qué? ¿Será que desde los púlpitos no lo hemos reconocido como un don aceptable? ¿Será porque no honramos a aquellos que lo tienen, ayudándolos y motivándolos a que lo desarrollen? Déjeme describir las señales clásicas de un creyente que tiene el don de dar y así usted podrá saber si este don está en su corazón o en el de otros. También, quiero ayudar a los pastores a que lo reconozcan en sus miembros, para que puedan apoyarlos en su desarrollo y en el crecimiento de su iglesia.

- *Personas que tiene el don de dar responden a una visión fuerte con objetivos claros.* Quieren que su dinero cuente, quieren ver ministerios y ministros que operan bajo principios financieros sólidos, quieren invertir en ministerios y ministros que son buenos administradores y que son exitosos en utilizar los fondos que Dios está dándoles. Literalmente, ellos son *inversionistas* en el Reino. Y como buenos inversionistas, quieren poner su dinero en buenos ministerios que están siendo efectivos con los fondos que Dios les ha confiado. Esto es muy importante para ellos.

- *Los dadores pueden ser hombres o mujeres.* Conozco a un hombre de nuestra iglesia que es muy exitoso financieramente, pero su esposa es la que tiene el don de dar. A él también le encanta dar pero es ella quien escucha las revelaciones del Señor en esta área. El don motivacional del marido es el de liderazgo, el cual Dios usa para producir bendiciones financieras. Ella entonces utiliza su don de dar para distribuir esas bendiciones de acuerdo a lo que Dios les indica. Claro, ellos también tienen otros dones, pero estos son dones motivacionales muy fuertes en ellos. Forman un gran equipo.

- *La gente que tiene el don de dar tiene el discernimiento que les permite identificar necesidades genuinas.* Recuerde que estamos hablando de un don espiritual que viene de Dios. Por lo tanto, una persona que tiene este don se da cuenta de las manipulaciones más rápidamente de lo que otra persona lo haría por medios naturales. Ellos pueden observar ministerios y misioneros y determinar dónde hay necesidades genuinas y cómo se debe usar el dinero. Las personas que tienen el don de dar son de gran ayuda en los comités de servicio y de benevolencia porque tienen la habilidad de determinar necesidades reales y que son dignas de que la iglesia invierta en ellas.

- *Las personas que cuentan con el don de dar son muy cautelosas con el uso de su dinero pero también son muy generosas.* Permítame explicarle. Hace tiempo, tuve que aconsejar a un hombre que tenía el don de dar pero que estaba fuera de balance en esta área. Él daba miles de dólares con mucho gozo, pero revisaba los recibos del supermercado de su esposa para saber si ella había gastado dinero en cosas innecesarias. No tenía malas intenciones, sólo se salió de balance siendo demasiado cauteloso; lo cual, a veces, pasa con un dador. Como no entendía algunas cosas en el área de dar, no se daba cuenta que estaba siendo generoso con personas ajenas, pero tacaño con la persona más importante de su vida. Sin embargo, las personas que tienen este don tienden a velar cuidadosamente a dónde va su dinero. Les gustan los presupuestos y entienden muy bien los principios de la administración financiera. Su gozo mayor viene de cubrir necesidades.
- *La persona que tiene el don de dar quiere ser apreciada pero no reconocida.* No quieren que su nombre aparezca en nada; no quieren que los alaben al frente de la iglesia porque dan; no quieren ningún reconocimiento por su don; pero sí les gusta saber que sus sacrificios y obediencia son apreciados. Un agradecimiento del corazón va muy, muy lejos.

- *La gente que tiene el don de dar desea invertir en un barco estable no en uno que se está hundiendo.* Cuando un ministro de televisión dice: "Si usted no da, nos van a retirar del aire", la gente con el don de dar tiende a invalidar a ese ministerio. Y cuando, por otro lado, un ministerio en la televisión muestra de manera creíble que está ayudando a la gente, alimentándola, cuidando de ella y salvándola, los que tienen el don de dar, favorecerán ese ministerio. Una persona que tiene el don de dar no quiere invertir en un barco a punto de hundirse o en uno que está siendo llevado por la corriente. Quieren que su dinero sea manejado de manera prudente y aprecian la excelencia y la calidad. Una vez, un dador muy fiel me dijo que, si la cabeza de un ministerio u organización tiene una mentalidad de pobreza, o una perspectiva equivocada acerca del dinero, él no quiere invertir en ese ministerio. Él escoge invertir en ministerios cuyo líder ha demostrado capacidad para manejar cantidades grandes de dinero de una manera prudente y sabia.

- *Contrario a las creencias comunes, la gente que realmente tiene el don de dar no quiere controlar su dinero después de haberlo donado.* Si se encuentra con una persona que quiere controlar una situación, a través del dinero que da, puede estar seguro que no está operando con el don espiritual de dar. La gente con el don de dar quiere hacerlo generosamente; y como he dicho, necesitan saber que su dinero se manejará correctamente. Pero nunca querrán controlar o manipular con su dinero. Casi siempre, darán su dinero a un ministerio que tenga un líder capaz, con una visión sólida. (Una nota para los pastores: Obviamente usted necesita respetar y apreciar a la gente que tiene este don. Pero usted no le puede ministrar a alguien que lo impresiona mucho o a alguien quien lo intimida. Como he dicho, los dadores con muchos recursos quieren ser tratados como cualquier otra persona).

- *La gente con el don de dar no quiere ser una solución temporal; quiere ser la solución permanente.* En otras palabras, no quieren que su dinero provea sólo una solución a corto plazo para algo que se va a arruinar de nuevo. Quieren traer soluciones duraderas a las situaciones que se presentan.

- *La gente con el don de dar quiere dar más que su dinero; quieren dar su tiempo, su talento y su sabiduría.* Muchas personas que tienen el don de dar son muy talentosas. Judson Cornwall los llama "Apóstoles en el mundo de los negocios".[1] En nuestra iglesia, hay un hombre que tiene este don y nos ha ahorrado miles de dólares en la compra de nuestro terreno y en la construcción de nuestro edificio. Él tiene un gran discernimiento y sabiduría en esta área, por lo que su consejo nos es de gran valor, pero también tiene una gran sabiduría en otras áreas. Por ejemplo, él es un excelente maestro de la Biblia y un líder en la iglesia y las misiones. De hecho, recientemente ayudó a una iglesia en Odessa, Ucrania, a organizarse de la misma forma que la nuestra. He descubierto que a la gente que tiene el don de dar le encanta ver que su conocimiento y experiencia se ponga a trabajar para el Reino. Ellos quieren ofrecer consejos sabios a la iglesia que aman y aprecian. De la misma manera, si usted rechaza su sabiduría, consejo y experiencia, seguramente encontrarán un ministerio que sí las quiera.

- *Usualmente, las personas con el don de dar son líderes privilegiados.* Su habilidad como líderes es usualmente la razón de su éxito.

- *Como ya he mencionado, las personas que tienen el don de dar no les agrada cuando son despreciados o*

criticados por tener un estilo de vida exitoso. (¿A quién
le gusta ser criticado injustamente?) Si un creyente
rico tiene una casa grande, es muy probable que la
vea como una inversión, que está creando riqueza que,
a fin de cuentas, podrá utilizar en el Reino de Dios.
Los ingresos con que Dios los ha bendecido, pueden
darles la oportunidad de manejar autos de lujo o usar
ropa cara. Para ellos, no se trata de ser ostentosos
o extravagantes; se trata de disfrutar algunos de los
frutos de las bendiciones del Señor. Sin embargo,
en muchas ocasiones he escuchado a pastores que
critican, ridiculizan y generalizan a la gente con buenas
posesiones; aparentemente, sin darse cuenta, que se
están burlando de personas a las que Dios ha bendecido
con el don de dar. Usualmente, la gente a la que critica
está regalando un porcentaje más alto de su dinero de
lo que el mismo predicador jamás soñaría en dar.

- *La gente exitosa que tiene el don de dar no quiere
hablar de dinero todo el tiempo.* Conozco a muchos
pastores que siempre quieren hablar de dinero
cuando están con gente que tienen el don de dar.
He descubierto que los que tienen este don no les
gusta hablar del tema. Para ellos, el dinero es una
herramienta, no es algo que se deba adorar, o algo
que nos deba preocupar, o algo que debemos analizar
todo el tiempo. Pregúnteles acerca de su familia o
acerca de lo que hacen sus hijos. Hable acerca de lo que
últimamente ambos han visto en la Palabra. Cuando
esté con alguien que tiene el don de dar, hable de
cualquier otra cosa menos del dinero.

Consejos para los que dan

Es posible que, mientras lee este libro, se haya emocionado al
reconocer en usted las características de alguien a quien Dios le ha
dado el don de dar.

Si es así, le invito a que estudie este don. Haga su propio estudio bíblico sobre el tema. Y si no lo está haciendo, comience a dar el diezmo a su iglesia y busque lugares donde su dinero pueda ser invertido en el Reino. Busque oportunidades para bendecir ministerios dignos que están ayudando e impactando a la gente.

INVIERTA SU DINERO DONDEPUEDA CREAR EL MAYOR IMPACTO PARA EL REINO DE DIOS.

Comience "compartiendo para las necesidades de los santos" y a medida que Dios le da, "practicad la hospitalidad" (Romanos 12:13). Invierta su dinero donde pueda crear el mayor impacto para el Reino de Dios.

Si alguna vez ha sido maltratado o perjudicado por algunas personas mal informadas de la iglesia, perdónelas. No deje que eso cause amargura en su corazón para no continuar dando y así detener la bendición en su vida.

Recuerde, Dios ha hecho que usted sea un río, no un estanque. El agua de un río es limpia y pura; pero, el agua de un estanque esta contaminada. Conforme Dios se lo indica, asegúrese de continuar dando a su iglesia y a ministerios que estan creando un impacto para el Reino de Dios.

Capítulo 9
DIOS RECOMPENSA LA BUENA ADMINISTRACIÓN

PARA LA MAYORÍA de nosotros, los campamentos de verano traen muchas memorias interesantes. Por ejemplo, recuerdo que cuando llegué al final de mi primera semana de campamento escuché que iba a haber una ceremonia de entrega de premios. Recuerdo haber pensado: *¿Una ceremonia de entrega de premios? ¡No es justo! Deberían habernos dicho al comienzo de la semana que iban a tener premios. Si lo hubiera sabido, me hubiera esforzado más.*

No quiero que a usted le pase lo mismo. Ahora mismo, cuando usted tiene el resto de su vida por delante, quiero que sepa que Dios recompensa.

Hebreos 11 lo dice en términos muy claros:

> *Pero sin fe es imposible agradar a Dios, porque es necesario que el que se acerca a Dios crea que él existe y* que recompensa *a los que lo buscan.*
>
> —V. 6, RVR1995, ÉNFASIS AÑADIDO

Dios recompensa. Parece que muchos cristianos no están enterados de esta verdad acerca de Dios. A Él le gusta recompensarnos cuando buscamos su presencia, su voluntad y sus caminos con sinceridad y diligencia. Él recompensa el buen trabajo y recompensa la buena administración.

Recientemente he tenido algunas experiencias con este principio. Cuando estaba escribiendo este libro, mi hijo mayor era un estudiante a tiempo completo en la universidad. Él siempre ha sido un muchacho trabajador, pero estaba tomando un curso acelerado y bien intensivo, que no le permitía trabajar ni siquiera parte del tiempo. Esto significa que yo le cubría casi todo su apoyo financiero.

Poco antes de que ingresara en la universidad, nos sentamos e hicimos un presupuesto basado en una cantidad fija que le enviaría mensualmente.

Dos o tres meses más tarde, nos sentamos y analizamos su presupuesto para ver cómo le había ido. Me sentí muy complacido al darme cuenta que estaba haciendo un gran trabajo al vivir dentro de su presupuesto. Él no comía en restaurantes ni iba al cine mucho. Tampoco estaba arruinando su presupuesto comprando ropa nueva. Esencialmente, estaba siendo un buen administrador del dinero que yo le enviaba.

DIOS NOS RECOMPENSA Y BENDICE POR SER BUENOS ADMINISTRADORES.

Por lo tanto, ¿qué hizo un padre amoroso por su hijo, quien estaba siendo tan buen administrador? ¡Lo recompensé! Aumenté la cantidad de dinero que le estaba enviando mensualmente. Le dije: "Ahora puedes hacer lo que quieras con el dinero extra. Puedes salir a comer más a menudo con tus amigos después de ir a la iglesia o comprarte un par de camisas nuevas".

Unos cuantos meses después, me llamó y dijo: "Papá, he estado pensando. Si me cambio de apartamento, puedo reducir mis gastos y ahorrarte algo de dinero". Por supuesto, me sentí bendecido al ver que estaba buscando maneras de ayudar. Él sabía que su mamá y yo estábamos sacrificándonos y economizando de nuestra parte para que él pudiera ir a la universidad. Él tenía un corazón agradecido.

Analizamos su idea, trabajamos los detalles y lo ayudamos a que se cambiara a un apartamento menos costoso. Poco después nos llamó y dijo: "Está funcionando como lo pensamos; pueden reducir la cantidad que me están enviando".

¿Sabe lo que hice? Continué enviándole la misma cantidad. Le dije: "Gracias hijo, pero ahora tendrás un poco más de dinero para gastar. Has sido un buen administrador y quiero recompensarte. Debes disfrutar los beneficios de tu buena administración". ¿Por qué no esperamos que Dios sea por lo menos tan amable y sensible como yo fui con mi hijo? ¿Por qué nos sorprendemos en saber que Dios nos recompensa y bendice por ser buenos administradores?

De acuerdo al capítulo 6 de Mateo, Dios nos recompensa cuando oramos, ayunamos o damos a los pobres. Y en la primera carta a los Corintios encontramos:

> *Y el que planta y el que riega son una misma cosa, aunque* cada uno recibirá su recompensa *conforme a su labor.*
>
> —3:8, RVR1995, énfasis añadido

En el maravilloso libro, *Una vida recompensada por Dios*, de Bruce Wilkinson, Bruce menciona ejemplo tras ejemplo sobre cómo Dios nos recompensará en el cielo por todas las buenas obras que hemos hecho en la tierra. Menciona cuidadosamente que nosotros no somos salvos por las buenas obras. Somos salvos para hacer buenas obras, y estas buenas obras dan como resultado recompensas.

Las palabras conocidas de Efesios 2 nos dicen:

> *Porque por gracia sois salvos por medio de la fe; y esto no de vosotros, pues es don de Dios. No por obras, para que nadie se gloríe, pues somos hechura suya,* creados en Cristo Jesús para buenas obras, *las cuales Dios preparó de antemano para que anduviéramos en ellas.*
>
> —VERS. 8–10, RVR1995, ÉNFASIS AÑADIDO

Como Bruce indica en su libro, tenemos que distinguir entre creencia y comportamiento. Nuestras creencias determinan dónde pasaremos la eternidad y nuestro comportamiento determina cómo pasaremos la eternidad.

Bruce tiene razón. Un día Dios va a recompensarnos por nuestro comportamiento o por nuestras buenas obras. ¡Pero también es cierto que Dios nos recompensa mientras estamos aquí en la tierra! La Biblia lo dice muy claro. Veamos, por ejemplo, el capítulo 10 de Marcos:

> *Respondió Jesús y dijo: "De cierto os digo que no hay nadie que haya dejado casa, o hermanos, o hermanas, o padre, o madre, o mujer, o hijos, o tierras, por causa de mí y del evangelio, que no reciba cien veces más ahora* en este tiempo: *casas, hermanos, hermanas, madres, hijos y tierras, aunque con persecuciones y en* el siglo venidero *la vida eterna".*
>
> —VERS. 29–30, RVR1995, ÉNFASIS AÑADIDO

Aquí está hablando Jesús. Está diciendo que "Dios nos va a recompensar, no sólo en el siglo venidero, sino también ahora en este tiempo".

Como lo ilustran varias de las parábolas de Jesús, el Señor recompensa la buena administración. Por ejemplo, en el capítulo 19 de Lucas, Jesús relata la parábola de las minas. (Una "mina" era una pequeña moneda que equivalía aproximadamente a 50 siclos de plata.) Jesús habla de 10 personas que recibieron una mina cada uno de su jefe o señor. El jefe quería probar la fidelidad, habilidad y administración de sus administradores. Jesús dice que cuando el jefe regresó para pedir cuentas, inmediatamente recompensó al administrador que había hecho bien las cosas:

> *Él le dijo: "Está bien, buen siervo; por cuanto en lo poco has sido fiel, tendrás autoridad sobre diez ciudades".*
>
> —LUCAS 19:17

Dios no nos va a dar más dinero si ni siquiera podemos ser fieles con lo que ya nos ha dado. Si una persona no puede manejar

$500 dólares a la semana, ¿por qué le daría Dios $5,000 a la semana?

Dios está interesado en construir su reino. Es por eso que Él les confía el dinero a las personas que le demuestran que pueden ser buenos administradores, dando cuando Dios les dice que den. Ellos no van a malgastar sus recursos en cosas inútiles; hacen presupuestos con su dinero y son responsables. También son buenos administradores de su tiempo, sus relaciones y sus talentos. Éste es el mensaje de la parábola de las minas. Jesús toca un punto similar en la parábola de los talentos (Mateo 25:14–30). Dios da talentos a cada uno de nosotros de acuerdo a nuestras habilidades y espera que usemos esos talentos para servirle y para realizar los propósitos de Su reino.

¡Nunca veremos que el poder milagroso de Dios sea dado a administradores irresponsables!

En la parábola de las minas, Jesús le dijo a cada hombre que había recibido una mina: "Negociad entre tanto que regreso" (Lucas 19:13). Eso es lo que Dios espera que hagamos. Él espera que hagamos negocios—negocios del Reino—hasta que Él regrese.

En el capítulo 2 de Hechos, encontramos que los primeros cristianos llenos del Espíritu Santo amaban tanto a Dios que hasta vendieron todas sus posesiones y bienes ¡distribuyéndolos libremente entre los necesitados! Respondiendo a su generosidad, ¡Dios fue generoso realizando milagros! Se entregaron por completo a los planes y propósitos de Dios; y Dios los recompensó desde el cielo derramando sobre ellos su poder.

En la parábola de Jesús de las minas, ¿por qué el jefe tomó la mina del mal administrador y se la dio al que tenía diez? ¡Porque a Jesús le gusta recompensar la buena administración! Los malos administradores pierden recursos; los buenos reciben más. ¡Es un concepto sencillo!

¿Alguna vez ha lamentado el hecho de que parece que los ricos se hacen más ricos y los pobres más pobres? Más vale que nos acostumbremos a ello. Como lo muestran las parábolas, una versión de eso sucede en el reino de Dios.

El Señor da más a aquellos que demuestran que son merecedores de confianza, como lo demostró mi hijo cuando estaba en la universidad. Por el contrario, Dios no va a dar más a alguien que es irresponsable en sus finanzas o que no sabe a dónde va su dinero.

Algunos creyentes piensan que están excluidos en llevar una buena administración porque no ganan mucho. No alcanzan a comprender que la fidelidad en lo poco es lo que lleva a que se nos confíe más.

Siempre que aparece una noticia acerca de alguien que se ganó la lotería o que heredó una gran cantidad de dinero, escucho a la gente hacer comentarios como estos: "Si yo heredo 5 millones, yo le daría un millón a la iglesia, ¡sí, señor!". ¿O sí? ¿Qué les hace pensar que le darían a Dios el 20% de un premio inesperado si ni siquiera están dando el 10% de su ingreso ahora? Es porque piensan, todavía me sobrará mucho dinero. Pero el corazón de un buen administrador dice: "Con lo que tengo ahora, voy a honrar a Dios. Ahora voy a encontrar la manera de dar el 20% (o lo que el Espíritu Santo les indique)". Dios le encomendará más a la persona que tiene este sentir de corazón.

Veamos de nuevo la parábola de los talentos en el capítulo 25 de Mateo. Dice que el hombre *"llamó a sus siervos y les entregó sus bienes"* (v. 14).

Nosotros somos como esos siervos. Dios nos ha entregado Sus bienes. No sólo nos confía una medida de riqueza material, Él también nos da cosas mucho más preciosas. Él nos ha entregado tesoros: la oración, las buenas noticias de salvación y el poder de ayudar a la gente. Estas son cosas preciosas que nos ha entregado y espera que las usemos y las repartamos.

Dios espera que seamos buenos administradores con las personas que Él pone en nuestro camino. Y como hemos visto, él recompensa a los buenos administradores.

¿Se acuerda de lo que Jesús nos dijo en el capítulo 6 de Mateo acerca de acumular tesoros en el cielo? Permítame preguntarle algo sobre esto: "¿Cuántos tesoros está usted acumulando en el cielo? Cuando llegue al cielo, ¿se lamentará de todos los tesoros que acumuló aquí en la tierra en vez de haberlos enviado de antemano al cielo?".

¿Un siervo sabio y fiel?

En Mateo 25, poco antes de la parábola de los talentos, Jesús hace una pregunta crucial al hablar sobre su regreso inesperado:

> *¿Quién es, pues, el siervo fiel y prudente, al cual puso su señor sobre su casa para que les dé alimento a tiempo? Bienaventurado aquel siervo al cual, cuando su señor venga, lo encuentre haciendo así. De cierto os digo que sobre todos sus bienes lo pondrá.*
>
> —Mateo 24:45–47, rvr1995

¡Qué pregunta! "¿Quién es, pues, el siervo fiel y prudente?". Jesús nos está haciendo la misma pregunta hoy. Él dice que cuando el Señor regrese, quiere encontrar a sus siervos haciendo un buen trabajo con las cosas que Él les ha confiado.

Cuando el Señor regrese, ¿le encontrará siendo un siervo fiel y prudente? ¿Está usted haciendo lo mejor que puede con lo que el Señor le ha confiado? ¿Sabe a dónde va su dinero cada mes? ¿Está diezmando, dando, testificando y orando?

¿Dónde está su corazón?

Como vimos anteriormente en el capítulo 5, Jesús dijo: "Si en las riquezas injustas no fuisteis fieles, ¿quién os confiará lo verdadero?" (Lucas 16:11, rvr1995).

Esto muestra que Dios usa el dinero para probar nuestros corazones; el dinero prueba nuestra mayordomía y nuestra confiabilidad. Es impactante pensarlo, pero cada día Dios ve lo que compramos y el dinero que damos.

La prueba es sobre cómo manejamos el dinero. El resultado de esa prueba determina si Él puede encomendarnos riquezas verdaderas o no. Es por eso que, para el cristiano, el dinero es más que sólo un medio para comprar cosas. Con razón Jesús utilizó 30% de Su tiempo para enseñar acerca del dinero.

Como Mateo 6:21 nos muestra, Dios conoce dónde está nuestro corazón porque ve dónde está nuestro tesoro. Si el testimonio suyo es: "Mi corazón está en el Reino de Dios", su chequera comprobará o refutará esa afirmación.

Es probable que a Dios le importe la buena administración más de lo que nos importa a nosotros. Lo digo porque está entretejido a través de toda la Biblia.

Como hemos visto, las primeras instrucciones que Dios les dio a Adán y a Eva tenían que ver con la mayordomía. ¡Den fruto, multiplíquense, cuiden este jardín y dejen ese árbol en paz! (vea Génesis 1:28, 2:17).

El principio de la buena mayordomía hasta aparece en el Cantar de los Cantares. Allí, la mujer sulamita dice:

> ...me obligaron a cuidar las viñas; ¡y mi propia viña, descuidé!.
>
> —Cantares 1:6

Esto describe a muchos creyentes. Podemos estar tan ocupados cuidando las viñas de otras personas—metiéndonos en sus asuntos y tratando de decirles cómo vivir sus vidas—que no nos encargamos de nuestras propias viñas.

No podemos ayudar a otros si no cuidamos lo que Dios nos ha dado. Si no somos buenos mayordomos, esto va a limitar nuestra habilidad para ayudar a la gente y avanzar el Reino de Dios.

Culpando a otros

Dios es constante; las finanzas no. En otras palabras, las finanzas parecen subir y bajar pero Dios siempre es el mismo. Cada persona que conozco ha tenido altibajos financieros. Hasta las personas que tienen mucho dinero todavía tienen fluctuaciones en sus finanzas. Ellos tienen las mismas oportunidades que todos para preocuparse y para estar angustiados acerca de sus finanzas.

Algunas veces nos disgustamos con Dios porque creemos que "no nos está ayudando" financieramente. Decimos esto hasta cuando ni siquiera oramos acerca de que si debíamos gastar nuestro dinero en la manera en que lo hicimos. No quiero dar la impresión de ser rudo o severo, pero tenemos que reconocer que Dios no es responsable por las deudas que Él no inició. Nosotros somos los responsables por nuestras finanzas. Nosotros somos los administradores de nuestro dinero. Debemos orar y buscar el consejo de Dios antes de gastar dinero. La verdad es que la mayoría de nuestras preocupaciones, la angustia y la ansiedad de nuestras vidas son causadas por nuestras fallas al no ejercer una buena administración.

Suponga que le quedan $500 dólares antes del próximo día de pago y que usted decide impulsivamente gastar $300 en un asador nuevo, quedándose corto de dinero y con problemas financieros. Mi amigo, eso no es el juicio de Dios ¡es aritmética!

Una simple resta hace que esa compra sea una mala decisión con ciertas consecuencias. Muy a menudo sentimos que Dios nos está castigando cuando nos falta dinero. En realidad, nosotros recibimos el castigo por nuestra culpa, por no tomar el tiempo de orar acerca de esa compra, o ni siquiera usar el sentido común.

Si faltan diez días para el siguiente día de pago y le quedan $500 en su cuenta y todavía tiene que comprar comida, el seguro del auto, gasolina y pagar la electricidad, la sabiduría y el sentido común dicen que la parrilla debe esperar.

El hecho es que frecuentemente le echamos la culpa a Dios por nuestros sufrimientos, cuando en realidad nosotros somos los causantes de los mismos.

Los investigadores dicen que la razón principal por la cual tenemos divorcios es la falta de comunicación. La segunda razón, es por problemas asociados con el dinero. Cuando empiezan a investigar un poco más, descubren que la ausencia de comunicación sobre las finanzas es el problema fundamental entre las parejas. El dinero es la fuente principal de conflictos en el matrimonio.

Si pusiéramos en práctica los principios de la buena mayordomía, no tendríamos muchos de los dolores de cabeza, úlceras y otros problemas de salud asociados con las preocupaciones de las finanzas.

Dios desea bendecir

Dios realmente desea bendecirnos. ¿Cree usted esto desde el fondo de su corazón? Déjeme hacerle la pregunta de otra manera. ¿Cree que Dios desea maldecirnos? ¿Cree que Dios quiere hacernos daño? ¡Claro que no! Es fácil creer que Dios no está tratando de maldecirnos. Pero a muchos cristianos les cuesta más trabajo aceptar el hecho de que Dios desea bendecirnos.

Déjeme decirlo claramente: Dios desea bendecirnos fervientemente para así poder ser una fuente de bendición para otros. Eso es exactamente lo que le dijo a Abram en Génesis 12:2:

Haré de ti una nación grande, y te bendeciré; haré famoso tu nombre y serás una bendición.

En otras palabras, el deseo de Dios era bendecir a Abram para que él pudiera ser una bendición.

Todavía Dios desea esto para usted y para mí. Dios desea poner muchos recursos en nuestras manos para que podamos ser conductos de Su bendición. ¿No es eso lo que nos dice este versículo del Nuevo Testamento?:

Y poderoso es Dios para hacer que abunde en vosotros toda gracia, a fin de que, teniendo siempre en todas las cosas todo lo necesario, abundéis para toda buena obra.
—2 CORINTIOS 9:8, RVR1995

Dios quiere que tengamos abundancia. ¿Para qué? Para que estemos listos para hacer "toda buena obra". Pero como hemos visto, sólo es posible tener abundancia cuando somos buenos administradores de las bendiciones que Dios nos ha dado.

Confianza en el que recompensa

Hasta este punto, me ha escuchado enfatizar repetidamente la verdad de que no debemos permitir que la recompensa sea nuestra principal motivación de dar y es absolutamente cierto.

Pero al mismo tiempo, no podemos ignorar el hecho que Dios nos creó para que nos gusten las recompensas. Está integrado en cada fibra de nuestro ser. Dios nos creó para que nos alegráramos en recibir recompensas porque Él es quien da las recompensas. De hecho, ¡a Él le encanta darnos recompensas!

Por eso no estoy sugiriendo que es erróneo el creer que Dios nos recompensa cuando damos. Claro que podemos esperarlo. ¡Dios lo dijo y Él no puede mentir!

Tener confianza de que Dios nos recompensará cuando damos es sencillo; como la fe de los niños. Pero debemos asegurarnos que la recompensa no se convierta en la motivación principal de nuestro dar.

Cuando permitimos que Dios trabaje en nuestros corazones, nuestra motivación principal se convierte en dar por el placer de hacerlo; ayudar por la pura satisfacción de ayudar y de bendecir porque al hacerlo imitamos al Padre celestial que amamos y honramos.

Tenga la confianza que Dios lo recompensará. Y a diferencia del campamento de verano, cuando yo era niño, Dios no espera hasta el final para tener una ceremonia de entrega de premios. Él está recompensando todo el tiempo. Y ahora usted lo sabe: Dios recompensa la buena mayordomía.

Capítulo 10

NECESIDAD, ENVIDIA O SEMILLA

SERÍA IMPOSIBLE ESCRIBIR un libro acerca del dar, que esté basado en la Biblia, sin pasar un tiempo en segunda de Corintios 9. Este es uno de los pasajes bíblicos más maravillosos sobre el poder y las bendiciones que vienen a través de un estilo de vida en la cual damos, guiados por el Espíritu Santo. En este capítulo hay verdades impresionantes. He aquí el trasfondo sobre este capítulo.

Pablo estaba a punto de enviar a unos de sus asistentes, a Corintio, para buscar una ofrenda especial. Los creyentes en Corintio habían dicho que querían darle una ofrenda a la iglesia sufriente en Macedonia.

En los primeros versículos, Pablo está diciendo (en mis palabras): "Muchachos, ustedes han dicho que quieren dar una ofrenda de amor. Cuando voy a predicar a otras iglesias, no paro de exaltarlos por este acto tan generoso. ¡Ahora, no me vayan a hacer quedar mal! ¡Participen, contribuyan a este acto de amor!".

Básicamente, Pablo los está exaltando por su disposición dadivosa y aprovecha la oportunidad para enseñarles algunas verdades al respecto.

Escribe lo siguiente:

Pero esto digo: El que siembra escasamente, también segará escasamente; y el que siembra generosamente, generosamente también segará. Cada uno dé como propuso en su corazón: no con tristeza ni por obligación, porque Dios ama al dador alegre. Y poderoso es Dios para hacer que abunde en

*vosotros toda gracia, a fin de que, teniendo siempre en todas
las cosas todo lo necesario, abundéis para toda buena obra.*

—2ª Corintios 9:6–8, rvr1995

Tenga en mente que estas palabras fueron dirigidas a un grupo
de personas que estaban a punto de hacer una ofrenda de sacrificio. Ellos eran dadores.

Pablo, escribiendo bajo la dirección del Espíritu Santo, comienza declarando la ley más básica acerca del dar: "El que siembra
escasamente, también segará escasamente; y el que siembra generosamente, generosamente también segará" (v. 6, rvr1995).
Esta es la misma verdad que Jesús nos comunicó en Lucas 6:38:

Dad y se os dará; medida buena, apretada, remecida y rebosando darán en vuestro regazo, porque con la misma medida con que medís, os volverán a medir.

—rvr1995

Recordará que esta promesa fue dada, no para crear nuestra
motivación para dar, sino para liberarnos del temor y mostrarnos la recompensa por el dar.

USTED ES LA ÚNICA PERSONA EN EL MUNDO QUE PUEDE DECIDIR CUÁNTO ES LO QUE PUEDE DAR.

La siguiente frase de Pablo es muy importante. El versículo 7, nos da la guía fundamental para el dar. Cada persona debe dar "como propuso en su corazón" (2ª Corintios 9:7, rvr1995).

Usted es la única persona en el mundo que puede decidir cuánto es lo que puede dar. Es algo entre usted y el Espíritu de Dios.

Veamos nuevamente el mismo versículo:

*Cada uno dé como propuso en su corazón: no con tristeza ni
por obligación, porque Dios ama al dador alegre.*

—2ª Corintios 9:7, rvr1995, énfasis añadido

Dios no está buscando diezmos, ofrendas o regalos que son dados "con tristeza o por necesidad". La vida llena de bendiciones es una consecuencia de un "dar con alegría". ¿Cómo se convierte en un dador alegre? Sólo hay una manera: Dios tiene que hacer una obra en su corazón. Así como con cada verdad que hemos explorado hasta este momento, se trata de un asunto del corazón.

Aprendí una lección muy valiosa acerca del dar con alegría durante aquel período de 18 meses cuando regalamos nueve vehículos. En cierto momento en aquel entonces, se nos acercó una persona que sabía que habíamos regalado un sin número de autos y nos dijo, "tenemos un vehículo extra y queremos regalarlo anónimamente a cierta familia".

Aceptamos recibir el vehículo y entregárselo a esa familia, así es que trasladaron los papeles del auto a nombre de nuestro ministerio. Mientras íbamos de camino para entregar el auto, el motor dejó de funcionar. Tuve que llamar a una grúa para que se lo llevara a un taller y pagar para que le pusieran un motor nuevo.

Me acuerdo que me quejé un poco con el Señor al respecto. Dije: "¿Señor, por qué no se pudo haber descompuesto el motor unos días antes, cuando esas personas todavía tenían el auto? ¿O unos días después de que yo lo hubiera entregado? ¿Por qué tuvo que descomponerse durante los tres días en que fue mío?". Recuerdo que el Señor me habló muy claramente: "Hijo, yo lo planifiqué así. La persona que estaba regalando el auto no tenía dinero para ponerle un motor nuevo y la familia que lo iba a recibir tampoco lo tenía. Pero a ti te he bendecido financieramente. Tú tenías el dinero, y, además, habías aceptado que era mi dinero. Yo planifiqué los detalles perfectamente". Luego, el Señor me dijo algo más: "Hijo, deberías estar agradecido porque te he bendecido financieramente y te he bendecido con el privilegio de poner un motor nuevo en el vehículo para esa familia".

Entonces, el Señor me hizo una advertencia cariñosa, "Bueno, si estás cansado de ser una bendición para otras personas, puedo dirigir esos recursos a alguien más".

Obviamente, me arrepentí y le dije: "Padre, perdóname. Sí, todo el dinero es tuyo. Gracias por bendecirme y gracias por la oportunidad y la capacidad de ponerle un motor nuevo a ese auto". Cambié rápidamente de ser un dador rencoroso, que da por obligación, a ser un dador alegre.

Por supuesto, el estado *natural* del corazón humano es de ser un dador rencoroso. Pero cuando tenemos el transplante de corazón del que hablamos en el capítulo seis, y cuando nos volvemos agradecidos, desinteresados y generosos, sólo entonces podemos ser dadores alegres.

Ahora veamos nuevamente el versículo que vimos en 2ª Corintios. Fíjese que Pablo dijo: "Y poderoso es Dios" (9:8). Es aquí donde tiene que empezar cada paso de fe. Tiene que empezar creyendo que Dios es poderoso. ¿Poderoso para hacer qué? "Para hacer que abunde en ustedes toda gracia" (v. 8).

Déjeme darle una lección rápida sobre las variaciones y la complejidad del lenguaje griego de la antigüedad. La palabra griega que en este versículo se traduce como "toda" significa literalmente "toda". ¿No es sorprendente?

Usted necesita saber que Dios es capaz de hacer que "toda gracia" abunde en usted (v. 8). ¿Con qué frecuencia? ¡Siempre! No algunas veces, no cuando la bolsa mercantil cierra con aumentos, ni cuando los intereses bajen. ¡Siempre va a hacer que abunde su gracia!

Dios es capaz de hacer que toda gracia abunde siempre en usted. Cuando sembramos abundantemente, la gracia de Dios abunda hacia nosotros. Se derrama.

¿Y cuál es el resultado de este derramamiento de gracia? Empezamos a tener "siempre en todas las cosas todo lo necesario" (v. 8). ¿Tendremos cuánta suficiencia? ¡Toda! (Aquí está de nuevo esa palabra.) ¿Suficiencia en cuántas cosas? ¡Todas! (Y de nuevo.) Este es un pasaje bíblico realmente sorprendente. Una vez que usted da alegremente, Dios es capaz de hacer que toda gracia abunde en usted para que usted siempre, siempre, tenga lo suficiente en todo (o todo lo necesario) en todas las cosas. ¿Por qué? ¡Para que tenga "abundancia para toda buena obra" (v. 8)!

El versículo 8 es una promesa que está ligada a los versículos 6 y 7. Toda gracia, abundancia y suficiencia son un resultado directo de sembrar abundantemente con un corazón alegre.

¿Necesidades o antojos?

Déjeme ofrecerle unas palabras acerca de la frase "todo lo necesario" (v. 8). Creo que la palabra *"necesario"* se refiere a nuestras necesidades. Se relaciona con tener una cantidad suficiente. Cuando estamos por dar una ofrenda significativa, es común ser atacado con temores de insuficiencia. ¿Tendré suficiente? ¿Qué pasa si me quedo sin trabajo? ¿Qué pasa si se me descompone el auto?

Cuando nos lleguen esos pensamientos, lo primero que hay que recordar es que el dinero realmente no es nuestro sostén; Dios es nuestra suficiencia. Cuando comenzamos a poner nuestra confianza en otra cosa que no sea Dios, es idolatría. Es un ídolo.

Es muy hermoso que Dios nos recuerda en este pasaje que, si damos libremente y ponemos nuestra mirada en Él, nosotros tendremos lo suficiente para cubrir toda necesidad. Tendremos "todo lo suficiente en todas las cosas" (v. 8).

Por supuesto, hay una gran diferencia entre una necesidad y un antojo. Contrario a lo que algunos parecen enseñar, Dios no promete que nos cumplirá cada capricho o deseo pasajero.

Más allá del nivel llamado suficiencia está el nivel llamado abundancia. Es en este nivel donde todos somos examinados.

Una cosa es tener justamente lo que necesitamos para cubrir nuestras necesidades; pero la verdadera prueba del corazón viene cuando recibimos un poco extra. Es en este punto donde es posible pasar de la necesidad a la envidia.

Podemos ver esto cuando un individuo que ha estado orando para salir de sus deudas, recibe una gran cantidad de dinero repentinamente. Con frecuencia, nunca se le ocurre a esa persona tomar el dinero extra y hacer pagos a sus cuentas (deudas). Con un poco más de dinero en sus manos, piensa inmediatamente: "Ahora puedo comprar algo que realmente necesito, como unos palos de golf nuevos".

Esto es a lo que me refiero cuando digo que somos probados en nuestra necesidad y en nuestra codicia. La prueba de la necesidad viene por que necesitamos confiar en que Dios será suficiente para nosotros. La prueba de la envidia viene cuando nos movemos de lo suficiente a la abundancia.

SI PONEMOS NUESTRA MIRADA EN DIOS, TENDREMOS SIEMPRE LO NECESARIO.

El nivel más alto

En cuanto al uso del dinero, hay un nivel más allá de la necesidad y la envidia. El nivel más alto del uso del dinero es el de la siembra.

El lenguaje que Pablo utilizó en 2ª Corintios 9:6—"El que siembra escasamente, también segará escasamente; y el que siembra generosamente, generosamente también segará" (RVR1995)— es el lenguaje de la siembra.

¿Cómo ve usted el dinero que controla? ¿Ve que está allí para cubrir sus necesidades? ¿Está allí para satisfacer su envidia? ¿O lo ve como una semilla?

Entenderá más claramente la verdad que estoy intentando comunicarle después que haya leído algunas Escrituras:

> *Aleja de mi la falsedad y la mentira; no me des pobreza ni riquezas sino sólo el pan de cada día. Porque teniendo mucho, podría desconocerte y decir: "¿Y quien es el Señor?" Y teniendo poco, podría llegar a robar y deshonrar así el nombre de mi Dios.*
>
> —PROVERBIOS 30:8-9

Note que el escritor dice: "no me des pobreza ni riquezas..." Esto es, básicamente, necesidad (pobreza) ni envidia (riquezas). Como he dicho, aquí es donde todos somos examinados en necesidad y envidia. El autor de éste proverbio entendió esto.

Él básicamente dijo: "Señor, quiero estar en el dulce lugar de tu provisión".

¿Es posible que Dios cubra sus necesidades sin usar dinero?

Él le mostró a Elías que podía hacerlo:

> *Los cuervos le traían pan y carne por la mañana y por la tarde y bebía del arroyo.*
>
> —1 Reyes 17:6

Dios no necesitaba dinero para proveer para Elías; solamente necesitaba unos pájaros. Y he aquí lo sorprendente: los pájaros no le trajeron a Elías solamente pan viejo y duro. ¡Le trajeron filete!

Un poco más tarde, en el capítulo 19, vemos algo igualmente extraordinario:

> *Luego se acostó debajo del arbusto y se quedó dormido. De repente, un ángel lo tocó y le dijo: "Levántate y come". Elías miró a su alrededor, y vio a su cabecera un panecillo cocido sobre carbones calientes, y un jarro de agua. Comió y bebió, y volvió a acostarse. El ángel del Señor regresó y, tocándolo, le dijo: "Levántate y come, porque te espera un largo viaje". Elías se levantó, y comió y bebió. Una vez fortalecido por aquella comida, viajó cuarenta días y cuarenta noches hasta que llegó a Horeb, el monte de Dios.*
>
> —1 Reyes 19:5–8

¡Pan! ¡El hombre tenía ángeles cocinando para él! Esta sería la primera vez que se prepararan lo que se conoce hoy en algunos países como "tortas de ángel". ¡Dios no sólo le dio pan y carne sino también postre! Así de bueno es nuestro Padre celestial.

Sin lugar a dudas, Dios está comprometido a cubrir nuestras necesidades; pero ¿estamos nosotros comprometidos a usar nuestro dinero como una semilla?

Considere un agricultor que tiene un saco de semillas. Tiene varias opciones: podría moler todo el saco de semillas para hacer harina para pan y entonces esperar que alguien le diera más semillas para sembrarlas; o podría usar una parte de las semillas para hacer pan y el resto para sembrar. Si siembra esas semillas, va a tener una cosecha mucho más grande que de las semillas originales que sembró.

Ya hemos visto que Pablo usa las semillas como una ilustración del dinero en 2 Corintios 9:6. Veamos ahora lo que dicen unos cuantos versículos más adelante:

> *Y el que da semilla al que siembra y pan al que come, proveerá y multiplicará vuestra sementera y aumentará los frutos de vuestra justicia, para que seáis ricos en todo para toda generosidad, la cual produce, por medio de nosotros, acción de gracias a Dios.*
>
> —2ª CORINTIOS 9:10-11, RVR1995

Fíjese que no dice que "Dios da semillas al que las conserva". Él da semillas a los que siembran, a los que las esparcen.

He escuchado a la gente decir: "Claro, esa persona es un dador porque tiene el dinero para hacerlo". Están entendiendo las cosas al revés. Esa persona tiene dinero *porque* es un dador. Dios le está dando semillas al sembrador.

Odio tener que decir esto, pero algunas de las personas a quienes Dios quiere bendecir nunca tendrán dinero porque no entienden esto en su corazón.

Dios no le suple la semilla al que la conserva para sí mismo y, de acuerdo a ese versículo, Él hace más que simplemente dar semilla al sembrador:

> *Y el que da semilla al que siembra y pan al que come...*
>
> —v. 10

Dios siempre tiene en mente nuestras necesidades materiales (para que nosotros no tengamos que hacerlo). Él quiere que tomemos algunas de las semillas que nos ha dado y que las comamos, pero quiere que sembremos el resto. Incluso nos agrega una promesa acerca de esa semilla:

[Dios] proveerá y multiplicará vuestra sementera y aumentará los frutos de vuestra justicia.

—v. 10

Provee y multiplica. Dios es el único que puede proveer nuestras semillas; Él también es el único que puede multiplicarlas. Y cuando lo hace, también "aumentará los frutos de su justicia". Le estoy diciendo que si está batallando en algunas áreas de su vida, comenzará a encontrar la victoria cuando Dios obre en esa área de su corazón.

Creo que los dadores viven vidas más justas y virtuosas que las personas que sólo reciben. ¿Por qué? Porque Dios, como lo prometió, está aumentando sus frutos "de justicia" para que tengan vidas justas y virtuosas. Ellos ya no están sembrando egoísmo; ya no están sembrando envidia; en su lugar están sembrando generosidad, amabilidad y amor. Y como nos dijo Jesús: cuando damos estas cosas, las recibiremos devuelta con una "medida buena, apretada, remecida y rebosando (Lucas 6:38). Esto me trae a los tres principios fundamentales relacionados a la semilla que usted necesita saber.

Acabo de hacer referencia al primero, la cual es: se cosecha lo que se siembra.

De tal palo, tal astilla

Sé que parece evidente, pero se sorprendería de la frecuencia con que observo personas que esperan que las cosas funcionen de otra manera en su propio caso.

Haga suya esta verdad: si siembra maíz, cosechará maíz; si siembra trigo, cosechará trigo; y si como Pablo sugiere, siembra dinero, cosechará dinero. Es una ley que fue establecida durante la creación del mundo.

Después dijo Dios: "Produzca la tierra hierba verde, hier-
ba que dé semilla; árbol que dé fruto según su especie, cuya
semilla esté en él, sobre la tierra". Y fue así. Produjo, pues,
la tierra, hierba verde, hierba que da semilla según su natu-
raleza, y árbol que da fruto, cuya semilla está en él, según
su especie. Y vio Dios que era bueno.

—GÉNESIS 1:11–12, RVR1995

Las cosas se multiplican según su género: de tal palo, tal astilla.

¿Puede imaginarse a un agricultor parado en el campo en el
que ha sembrado trigo y que esté totalmente frustrado porque no
está creciendo maíz? Eso sería una tontería. Pero es precisamente
lo que hacen muchos creyentes. Esperan cosechar algo que nunca han sembrado.

Permítame enfatizarlo una vez más; esta no es una fórmula
"santa" para hacerse rico rápidamente. No sembramos con el propósito de obtener más dinero. Sin embargo, el crecimiento financiero es un resultado de una siembra abundante. Es un principio:
lo que uno siembra eso es lo que cosecha.

El orden correcto

El segundo principio que necesita saber acerca de sembrar es el
siguiente: cosechará *después* de haber sembrado.

Una vez más, ya sé que parece tontamente sencillo pero no
podría creer la cantidad de personas que dicen cosas como,
"Algún día, cuando tenga más dinero, voy a ser un dador".

Esto nunca sucederá. Usted no puede cosechar *antes* de sembrar. De nuevo, éste es un principio que Dios ha entretejido en el
orden natural de las cosas.

Mientras la tierra permanezca no cesarán la sementera y
la siega, el frío y el calor, el verano y el invierno, el día y la
noche.

—Génesis 8:22, RVR1995

Este orden ha sido establecido desde el principio del mundo. Antes de que pueda haber una cosecha, tiene que haber un tiempo de siembra. Jesús lo afirmó cuando dijo:

> *Así es el reino de Dios, como cuando un hombre echa semilla en la tierra. Duerma y vele, de noche y de día, la semilla brota y crece sin que él sepa cómo, porque de por sí lleva fruto la tierra: primero hierba, luego espiga, después grano lleno en la espiga; y cuando el fruto está maduro, en seguida se mete la hoz, porque la siega ha llegado.*
>
> —Marcos 4:26–29, RVR1995

Imagínese al mismo agricultor tonto que mencioné antes. Ahora, está parado en el campo esperando una cosecha cuando no sembró ni una semilla. Piensa muy confiado, "Ahora que salga esta cosecha, sí que voy a sembrar en serio. Voy a ser un sembrador magnífico si esta cosecha se me da".

Por supuesto, esto es absurdo. Sin embargo, he escuchado a muchos creyentes decir prácticamente lo mismo. Cosas como, "Si Dios me ayuda a cerrar este negocio, comenzaré a dar a la iglesia". El que es fiel en lo poco recibirá mucho. Tiene que comenzar donde está ahora.

Multiplicación

Lo tercero que debe saber acerca de sembrar es esto: se cosecha más de lo que se siembra. Esa es la esencia del mensaje en este pasaje:

> *Los que sembraron con lágrimas, con regocijo segarán. Irá andando y llorando el que lleva la preciosa semilla, pero al volver vendrá con regocijo trayendo sus gavillas.*
>
> —SALMO 126:5–6, RVR1995

Como implica este pasaje, el principio del incremento en la cosecha es tan poderoso, que aún si está llorando cuando esparce su pequeña bolsa de semillas, sus lágrimas se convertirán en gozo cuando comience a recolectar su cosecha. Es elemental pero cierto, ¿no? En el reino de Dios, así como en la creación natural de Dios, se cosecha más de lo que se siembra. Al sembrar un par de granos de maíz, estos producirán un tallo con varias mazorcas. Y cada mazorca tendrá cientos de granos (aproximadamente unos 400 granos). Eso es muy bueno, ¿verdad? Siempre se obtiene más cuando se siembra como Dios lo indica.

Un hombre en quien Dios puede confiar

Tengo un amigo que, hace varios años, estaba ganando $37,500 dólares al año. En ese tiempo, él daba consistentemente a la iglesia, el 10% de su ingreso bruto. Entonces el Señor le habló y le dijo: "Quiero que des el 15%; y si lo das, voy a duplicar tu ingreso; y además, si este año que sigue das el 20%, lo duplicaré de nuevo. Y si el año siguiente das el 25%, lo volveré a duplicar". Él sintió fuertemente que el Señor le había hablado a su corazón.

Mi amigo no le contestó a Dios diciendo: "Qué te parece esto, duplicas mi ingreso y comenzaré a dar el 15%".

Mi amigo aceptó la palabra que Dios le había dado y aprovechó la oportunidad de estirar su fe y complacer al Señor.

Inmediatamente comenzó a dar el 15% de sus ingresos a la obra de Dios. Ese año, sus ingresos aumentaron de $37,500 a $75,000 dólares anuales.

Confiando de nuevo en la palabra de Dios, comenzó a dar el 20%. Al año siguiente ganó $150,000 dólares. Fue en ese momento cuando lo conocí por primera vez. Nos hicimos buenos amigos y me contó su testimonio.

Al año siguiente aumentó su donación al 25%, y su ingreso aumentó a $300,000. Parece ser increíble, pero sé que este testimonio es cierto. Él es un queridísimo amigo mío.

Al año siguiente comenzó a dar el 30% y su ingreso aumentó a $600,000. Un año más tarde dio el 35% y ganó $1.2 millones de dólares. Hoy da consistentemente el 40% de sus ingresos a la obra de Dios.

Pero puedo decirle que lo más grandioso sobre el testimonio de mi amigo no es cuánto dinero gana o da; es lo que Dios ha hecho en su corazón.

Él es un hombre de Dios. No comenzó a dar porque deseaba hacerse rico. Obedeció porque tiene un corazón que quiere complacer a Dios y ser usado por Él.

Dios lo vio y dijo: "Necesito a alguien a quien pueda utilizar para distribuir fondos en mi Reino y en quien pueda confiar". Y eso es precisamente lo que Dios está buscando, gente a quien pueda confiarle sus riquezas.

Tenemos que pasar la prueba de la necesidad, confiando que Dios cuidará de nosotros. Tenemos que pasar la prueba de la envidia, usando la abundancia sabiamente y obedeciendo las indicaciones de Dios. Encima de esto, tenemos que pasar la prueba del sembrador, sembrando abundantemente.

Si observamos estos tres principios de la siembra y de la cosecha, Dios puede darnos abundancia, ¡si tan sólo logra que lo entendamos!

Capítulo 11
DIOS RECOMPENSA LA GENEROSIDAD

J OSÉ TENÍA UN problema, así que fue a hablar con su pastor. Le confesó: "Pastor, últimamente tengo problemas en dar el diezmo". "¿Cuál parece ser el problema?", le preguntó el pastor. "Bueno, cuando ganaba $50 a la semana, diezmaba $5, lo cual era fácil. Y cuando ganaba $500 a la semana, diezmaba $50 y estaba bien. Sin embargo, ahora gano $5,000 a la semana y me está dando mucho trabajo hacerlo. ¡Un diezmo de $500 es mucho dinero! ¿Podría orar por mí?".

"Claro", dijo el pastor, "¡vamos a orar! Padre, por favor reduce los ingresos de José a los $500 dólares que ganaba antes para que pueda honrarte con su diezmo".

Por supuesto, esto es un chiste, pero ilustra una trampa en la que la gente tiende a caer cuando piensa acerca de darle a Dios.

Siempre tiene sentido ser generoso con Dios porque Él siempre es generoso con nosotros. Realmente, Dios es más que generoso en su amor hacia nosotros; Él es extravagante.

Quiero mostrarle la historia de alguien que fue extravagante en su amor hacia el Señor:

Seis días antes de la Pascua, fue Jesús a Betania, donde estaba Lázaro, el que había estado muerto y a quien había resucitado de los muertos. Y le hicieron allí una cena; Marta servía y Lázaro era uno de los que estaban sentados a la mesa con él. Entonces María tomó una libra de perfume de nardo puro, de mucho precio, y ungió los pies de Jesús y los secó con sus cabellos; y la casa se llenó del olor del perfume. Dijo uno de sus discípulos, Judas Iscariote hijo de Simón, el

que lo había de entregar: "¿Por qué no se vendió este perfu-
me por trescientos denarios y se les dio a los pobres?" Pero
dijo esto, no porque se preocupara por los pobres, sino por-
que era ladrón y, teniendo la bolsa, sustraía de lo que se
echaba en ella. Entonces Jesús dijo: "Déjala, para el día de
mi sepultura ha guardado esto. A los pobres siempre los ten-
dréis con vosotros, pero a mí no siempre me tendréis".
— JUAN 12:1–8, RVR1995, ÉNFASIS AÑADIDO

¡Qué historia tan sorprendente! Qué contraste tan gráfico
entre dos corazones. Por un lado tenemos el corazón de María.
Por el otro, el de Judas. En esencia, en este incidente se nos presentan ambas, la generosidad y el egoísmo.

Al leer la historia se me vienen a la mente algunas preguntas:
¿Por qué María hizo esto? ¿Por qué le dio al Señor un regalo tan extravagante y generoso? Trescientos denarios era una
enorme cantidad de dinero, era básicamente el equivalente a un
año de salario. Por supuesto, lo que constituye "una gran cantidad de dinero" es relativo. Lo que a mí me parece mucho, puede
parecerle nada, a un multimillonario. Pero un año de salario es
un año de salario, sin importar quién sea.

Así es que, para darnos una idea de la magnitud de este regalo,
piense en su ingreso anual bruto e imagínese gastando esa cantidad en un aceite perfumado. Ahora, imagínese que lo toma y lo
derrama sobre los pies de alguien. Nunca lo va a recuperar. Una
vez que lo derrama, se acaba. Qué acto tan extraordinario, pero
seguimos con la pregunta: ¿Por qué?

Se me ocurre otra pregunta mientras leo este pasaje: ¿Por qué
le molestó tanto a Judas? No era su dinero.

Esto resalta el hecho que dondequiera que se encuentra la
generosidad, también encontrará al egoísmo luchando por el control. En esa situación era verdad y también es verdad en nuestros
corazones. Cada uno de nosotros tiene que examinarse y preguntarse: ¿Soy generoso o soy egoísta? ¿Qué característica es la que
me domina?

Hay un egoísmo impresionante trabajando en el corazón de Judas, el cual se manifiesta en sus comentarios sobre la ofrenda de María. Mire de nuevo a los comentarios que se hacen en la Biblia con respecto a Judas:

> *Pero dijo esto, no porque se preocupara de los pobres, sino porque era ladrón y, teniendo la bolsa, sustraía de lo que se echaba en ella.*
>
> —Juan 12:6

A él no le importaban los pobres. ¡Era un ladrón! Judas aparentaba pensar en otros cuando en realidad sólo pensaba en sí mismo. A través de la historia muchas personas han imitado esta táctica. Es el disfraz más antiguo del egoísmo que se ha conocido por el hombre. Es por eso que se nos hace muy familiar.

Recuerdo una vez que iba en el auto de una persona y pasamos frente a una casa grande y bonita que le pertenecía a un cristiano que había prosperado al seguir los principios bíblicos y por dar generosamente.

Le señalé la casa a mi compañero y le comenté acerca de la fe del dueño. Su respuesta fue: "Bueno, debería venderla y darle el dinero a los pobres". Por supuesto, la persona que hizo el comentario estaba viviendo en una casa que era mejor que la que soñaría tener el noventa por ciento de la población mundial. ¿Y adivine qué? Él no tenía ninguna intención de vender su casa y darle el dinero a un ministerio caritativo.

La cruda realidad es que no le importaban los pobres. Sólo resentía el hecho que alguien tuviera una casa más linda que la suya. Su comentario no lo motivó un espíritu de compasión; lo motivaba un espíritu de envidia.

Esta falsa espiritualidad se manifiesta en comentarios diferentes pero parecidos. A ver si algunos le parecen familiares: "¿Cómo puede una persona, con una conciencia limpia, manejar un auto tan caro?" "Con lo que gastó en ese abrigo, podría haber ayudado a mucha gente". O mi favorito: "Con lo que se gastó en ese (inserte aquí el nombre de un artículo de lujo), yo podría haberle regalado el dinero a algún necesitado". Comentarios como éstos se originan de un puro egoísmo o envidia, disfrazados de una superioridad religiosa, y es horrible.

Eso es exactamente lo que hizo Judas ese día. El vio el "desperdicio" de un año de sueldo, en vez de que pasara por su bolsa para que pudiera robarse una buena parte del mismo. Básicamente, esa era la manera en que Judas vio un hermoso acto de alabanza sacrificial por parte de una mujer agradecida, lo vio como un desperdicio.

Me he preguntado muchas veces si, en ese momento, Judas sabía que Jesús no tenía intenciones de establecer un reino terrenal y de situarlo a él como uno de sus príncipes.

Si esto es así, y si Judas ya se encontraba, aparentemente, trabajando para los líderes religiosos que querían asesinar a Jesús, es posible que Judas supiera que Jesús estaba a punto de morir. En ese caso, Judas habría supuesto que *todo* el dinero en la bolsa, a la larga, sería para él.

Permítame darle un término más contemporáneo para esa bolsa de dinero. ¡Es la canasta o el plato de las ofrendas! Esa bolsa de dinero que llevaban a todos lados, contenía las ofrendas que la gente había dado para apoyar el ministerio de Jesús. A su vez, Jesús usaba ese dinero para bendecir a la gente, y ¡Judas se lo estaba robando!

Claro que pensamos que eso es algo "indignante". No podemos imaginarnos que alguien tenga el descaro de robarle a Jesús. Pero considere: en el capítulo 3 de Malaquías, cuando veíamos el tema del diezmo, vimos que Dios reprendió a aquellos que le estaban robando en *"diezmos y ofrendas"* (Malaquías 3:8).

¿Es posible que, de la misma manera en que Judas robaba tomando dinero de la bolsa de ofrendas, nosotros también seamos culpables de robo al no poner en el recipiente para las ofrendas, lo que por derecho, es de Dios?

Sé que es fuerte decir esto, pero es muy fácil que un cristiano sea más como Judas que como María.

Sospecho que Judas estaba siguiendo a Jesús por lo que pensaba que Jesús podía hacer por él. Como miembro del partido antiromano de lo Zelotes, Judas estaba buscando una posición en el nuevo reino que acabaría con la dominación romana. Y claro, también lo hacían los otros discípulos, tal como lo muestran sus discusiones acerca de quién era el mayor en el reino.

Pero más que nadie, Judas acompañaba a Jesús basándose en el principio de: "¿Y yo, qué voy a obtener de esto?". Y cuando Judas comprendió que Jesús no iba a hacer lo que esperaba, lo traicionó. Por supuesto, eso no es muy diferente de lo que mucha gente hace hoy. Siguen a Dios basados en ese mismo principio, en lugar de pensar qué es lo que ellos pueden hacer por Dios. Tan pronto como Él los "desilusiona"—cuando Él no hace lo que ellos quieren que haga—se molestan y dejan de asistir a la iglesia.

El egoísmo, por su propia naturaleza, vela por sí mismo, sin importar nada ni nadie. Una persona egoísta venderá a sus amigos, si eso le ayuda a conseguir lo que quiere. Y una persona egoísta siempre, siempre encontrará razones para no ser generosa.

Eso es exactamente lo que hizo Judas. "¡Oigan, no desperdicien ese perfume tan caro en Jesús! ¡Podemos venderlo y darle el dinero a los pobres!".

Así como Judas, el egoísmo trata de quitar la atención de la persona egoísta y ponerla en las "extravagancias" de otros. El egoísmo pasa frente a casas bonitas y critica las bendiciones que otros han recibido. El egoísmo vela por sí mismo, señalando a otros.

Confrontando sus debilidades

¿Quién le dio a Judas la responsabilidad de la bolsa del dinero? Jesús, por supuesto. Ahora pregúntese, ¿sabía Jesús que Judas era un ladrón, cuando le asignó esa responsabilidad? ¡Claro! Y eso nos conduce a otra lección importante de esta historia.

Para muchos cristianos, esta es una revelación sorprendente pero siempre tendremos tentaciones en nuestras áreas de debilidad. De hecho, así como a Judas—el hombre con debilidad hacia el dinero y el prestigio—se le asignó la responsabilidad de la bolsa de dinero, Dios le dará a usted responsabilidades en sus áreas de debilidad.

¿Por qué? se preguntará. ¿Será que Dios quiere que *fallemos?* ¡No! Realmente, nos está preparando para que tengamos éxito. La única manera en que verdaderamente podemos triunfar es confrontando nuestras debilidades y superándolas. Cuando Dios le da una pequeña responsabilidad en su área de debilidad, lo está llevando a través de un proceso de crecimiento necesario para que sea exitoso. Observe:

> *No os ha sobrevenido ninguna prueba que no sea humana; pero fiel es Dios, que no os dejará ser probados más de lo que podéis resistir.*
>
> —1 CORINTIOS 10:13, RVR1995

De acuerdo a la Biblia, usted nunca ha experimentado una tentación que no fuera capaz de resistir. Cada vez que elegimos rendirnos al pecado, lo hacemos conscientemente. Sin embargo, Dios quiere ayudarnos a cambiar esa área donde tenemos más posibilidades de ser derrotados a que sea un área de gran victoria.

De esa manera, Jesús le da a un ladrón la responsabilidad por el dinero; y al hacerlo, también le da la oportunidad de superar su egoísmo y su envidia. Pero Judas no lo hizo, ¿o sí?

El dinero es una prueba más grande de lo que se pueda imaginar. De hecho, usted está siendo puesto a prueba ahora mismo. Es vital que comprenda esta verdad: La magnitud de la responsabilidad que tendrá en el Reino, se relaciona directamente con la manera en que maneja su dinero.

Si tiene dudas acerca de la verdad de esta afirmación, veamos de nuevo las palabras de Jesús en Lucas 16:

> *Si en las riquezas injustas no fuisteis fieles, ¿quién os confiará lo verdadero? Y si en lo ajeno no fuisteis fieles, ¿quién os dará lo que es vuestro?.*
>
> —v. 11–12, rvr1995

Ahora mismo usted está siendo puesto a prueba. El premio por pasar esta prueba es recibir verdaderas riquezas. ¿Pero cuáles son las verdaderas riquezas?

Las verdaderas riquezas son los seres humanos, el tener el privilegio de ver la salvación, la sanidad y el crecimiento espiritual de aquellos a quienes ama. Las verdaderas riquezas son las palabras de sabiduría, los dones de sanidad, fe y milagros que benefician a las personas.

Las verdaderas riquezas son la capacidad de ayudar a otros, quienes han pasado todas sus vidas en opresión o depresión; y a quienes vemos ser liberados, por primera vez. Las verdaderas riquezas son las almas.

Por favor, no quiero que me malinterprete con lo próximo que voy a decir, pero tengo que decirle la verdad. Dios no le va a dar ninguna responsabilidad en su Reino, ni en su casa, si ni siquiera puede manejar su chequera. ¡No lo puede hacer!

Como pastor, yo sigo deliberadamente el ejemplo de Dios. Esto podría sorprender a algunas personas, pero nunca le daré una posición de liderazgo en la iglesia a una persona que no puede manejar dinero.

Yo sé que le voy a rendir cuentas a Dios por las ovejas del rebaño que me ha encomendado liderar. La Biblia dice que los pastores le rendirán cuentas al Pastor supremo (Jesús) acerca de cómo cuidaron y protegieron a sus ovejas. Es por eso que yo nunca delegaré la responsabilidad de esas preciosas ovejas a alguien que ni siquiera puede manejar sus finanzas de acuerdo a la Biblia.

María se le acercó a Jesús con un corazón rebosando de gratitud y amor. Ese amor se convirtió en alabanza a través de una ofrenda de gran precio.

De la misma manera, nosotros le mostramos a Dios, cada semana, lo lleno de amor y gratitud que están nuestros corazones. Así que hágase las siguientes preguntas fundamentales: ¿Qué dicen sus ofrendas acerca de los niveles de gratitud y de amor hacia Dios que hay en su corazón? ¿Qué dice su forma de gastar el dinero, acerca de lo que es para usted verdaderamente importante en este mundo? Judas quiso conservar todo lo que podía para construir su propio reino. María estaba dispuesta a dar todo lo que tenía con el fin de bendecir al Rey.

Extravagancia para Dios

Como ya he dicho, dentro de cada uno de nosotros existe una batalla entre el egoísmo y la generosidad y es una batalla donde la generosidad tiene que triunfar.

Permítame decirle algo que le ayudará a reconocer la generosidad en cuanto la vea: La generosidad es extravagante. El equivalente de un año de salario se derramó del frasco de María aquel día. Seguramente, fue un regalo extravagante para el Señor. ¿Pero cómo podemos evaluar hoy día lo que constituye un regalo extravagante?

Antes de contestar esa pregunta, recordemos algo. Dios es el dueño de todo. Todas las riquezas del cielo y de la tierra le pertenecen. ¿De acuerdo? Entonces, ¿qué regalo podría impresionarle a Dios? ¿Sería un millón de dólares algo que Él consideraría extravagante? ¿Serían cien mil millones de dólares algo extravagante para Dios? ¿Cómo es posible que le demos un regalo extravagante al Dios de todo el universo?

Sólo hay un regalo extravagante que podemos darle al Señor: nuestras vidas. Usted puede darle todo lo que ahora es y todo lo que será. Eso sí es un regalo extravagante. En realidad, eso es lo que María hizo aquel día. El aceite perfumado sólo era un símbolo, algo que representaba el hecho que todo su corazón le pertenecía al Señor. Ése fue el regalo extravagante que María dio ese día.

Fue un regalo que, una persona como Judas, quien tenía un corazón egoísta, jamás podría haber dado o comprendido.

La escala del dar

Hasta esta fecha, llevo aproximadamente veinte años predicando acerca del dar. Sin embargo, hace apenas unos meses encontré en la Biblia algo que nunca antes había visto acerca del dar. Descubrí que hay tres niveles en que los cristianos pueden darle al Señor. Por lo tanto le diré cuáles son y, un poco más adelante, entraré en detalles. Estos son los tres niveles del dar:

1. Diezmos
2. Ofrendas
3. Ofrendas extravagantes

Poco después de haber hecho, lo que a mi juicio era un descubrimiento muy importante, llamé a un amigo, una persona que tiene un increíble don de dar, para compartir esto con él.

En una llamada telefónica, le dije: "El Señor me mostró algo que nunca antes había visto. ¿Sabías que hay tres niveles en los que le podemos dar al Señor?". Muy seguro de sí mismo me contestó: "Sí, y hasta te puedo decir cuáles son".

Recuerdo que pensé: *Estás equivocado, Sr. Sabelotodo. Esto me lo acaba de revelar el Señor. Nunca he oído a nadie predicar o enseñar acerca de esto. No tienes ni una idea de lo que voy a decirte.* Quería saber si él estaba diciendo la verdad y le dije: "Muy bien, entonces, ¿cuáles son?". Y él me contestó, "Diezmos, ofrendas y ofrendas dolorosas".

Él quizás los enumeró de una manera menos delicada, ¡pero esas eran! ¡Él lo sabía! (Y yo debía haber sabido que un cristiano que llevaba muchos años caminando con el Señor, y que tenía el don de dar, ya debía haber recibido esta revelación.)

Tristemente la mayoría de los cristianos ni siquiera llegan al primer nivel. Todos los estudios que he hecho me indican que sólo muy pocos de los que se llaman cristianos dan su diezmo consistentemente.

Se me hace asombroso, pero la verdad es que la mayoría de los cristianos batalla con dar el diezmo. ¿Se sorprende en enero cuando recibe su cuenta anual del total que contribuyó a su iglesia?

¿Cómo ve el porcentaje de sus donativos en comparación con su ingreso bruto? La mayoría de la gente sí se sorprende. ¡Mucha gente que tiene la intención de dar el diezmo, y que piensa que lo está haciendo, descubre que no es así!

Como dije antes, muy pocos creyentes apenas llegan al primer paso en la escala del dar; por consiguiente, nunca logran experimentar ni un poco de la alegría, la diversión y las bendiciones que hay disponibles en los niveles más altos.

No obstante, he observado a través de los años que generalmente las personas que llegan al primer nivel, en poco tiempo, se mueven al siguiente. ¿Por qué? Porque al dar el diezmo removemos las maldiciones y las puertas del cielo se abren para nosotros. Así que si comenzamos a diezmar, es más probable que comencemos a ofrendar según como el Señor nos lo indique.

Sin embargo, muy pocos cristianos llegarán al tercer nivel de darle al Señor—el nivel de dar extravagantemente—y esto es una tragedia. Me entristece pensar que muchos creyentes nunca van a saborear el gozo de darle una ofrenda extravagante al Señor. Pero usted sí lo puede hacer, tal y como muchos de los personajes más prominentes de la Biblia lo hicieron.

Por ejemplo, el rey David dio una ofrenda extravagante que abrió camino para que su hijo, Salomón, construyera el Templo. ¿Sabe usted cuánto separó David de su propio dinero para la construcción del Templo? Si lo convertimos a los dólares de hoy, serían $21 mil millones de dólares. Ese es un regalo extravagante, aún para un rey.

He aquí otro de las ofrendas extravagantes que menciona la Biblia: Salomón, el hijo de David, se hizo famoso en el mundo entero por su sabiduría. ¿Se acuerda cómo fue que Salomón recibió esa sabiduría? (Vea 1 Reyes 3.)

Salomón tenía poco tiempo de haber sido coronado rey. De acuerdo a la tradición, se suponía que tenía que hacer una ofrenda al Señor. Tenía que sacrificar un toro. En el día programado, ¿Sabe qué hizo Salomón? Sacrificó 1,000 toros.

¿Puede usted escuchar las voces de sus consejeros? "Eh... Su Majestad... mire... sabemos que usted es nuevo en esto, pero... bueno, ¿no sabía usted que sólo debió sacrificar un toro? Entendemos que está emocionado y, sí quiere ser extravagante... bueno... ¿por qué no sacrifica diez o... cien? ¿Pero mil? Piénselo, Salomón... ¡nos vamos a pasar aquí toda la noche!". Esa noche, Salomón sacrificó 1,000 toros de su fortuna personal.

Y esa noche Dios le habló y le dijo: "Pide cualquier cosa y Yo te la daré".

¿Sabe por qué Dios le dijo "pídeme cualquier cosa"? Porque Salomón había demostrado que tenía un corazón generoso, no egoísta. Salomón era un dador.

Puedo asegurarle que no es probable que Dios se le acerque a una persona que no está dando en el nivel más alto y le diga: "Pide lo que quieras". Dios no lo puede hacer porque no ha tenido la oportunidad de trabajar en ese corazón. Él no puede confiarle el "cheque en blanco" que le entregó a Salomón.

Déjeme contarle sobre otro regalo extravagante que se menciona en la Biblia. Es uno que compite con las ofrendas de David y Salomón.

Lo encontramos en Lucas 21:2:

Vio [Jesús] también a una viuda muy pobre que echaba allí dos blancas (monedas de cobre).

Sí Señor. Una "viuda pobre" que con su ofrenda de dos moneditas está en la "lista de los que dieron ofrendas extravagantes;" porque según Jesús, eso era todo lo que ella tenía. ¡Se necesitó tanta—o más—fe por parte de esa mujer, para dar dos moneditas, que la que necesitó David para dar $21 mil millones de dólares en oro! Como puede ver, no se trata de la cantidad, se trata del **MUCHA GENTE QUE TIENE LA INTENCIÓN DE DAR EL DIEZMO, Y QUE PIENSA QUE LO ESTÁ HACIENDO, DESCUBRE QUE NO ES ASÍ.**

corazón. Si lo único que tiene para dar son dos centavos, esto constituirá un regalo extravagante.

He aquí otra de las ofrendas extravagantes que registra la Biblia: en un lejano monte, de lo que un día sería Jerusalén, un hombre llamado Abraham se preparó para ofrecer como sacrificio a su único hijo, producto de un milagro (vea Génesis 22). Considero esto extravagante.

Le daré un ejemplo aún mejor. Dos mil años después, no muy lejos de ese monte, Dios mismo ofreció a su único Hijo, sin mancha, como sacrificio para nuestra libertad y redención. Eso, también, es extravagante. Además, lo considero como una ofrenda muy dolorosa.

Dios es el dador extravagante más grande que pueda haber. Él es generoso y quiere obrar en nuestros corazones para que siempre reflejemos su imagen.

Un propósito para cada regalo

Como hemos visto, la narración del regalo extravagante de María está en el capítulo 12 del evangelio de Juan. Si quiere saber por qué dio extravagantemente, sólo tiene que retroceder un capítulo.

¿Recuerda qué sucedió en el capítulo 11 de Juan? Jesús resucitó a Lázaro, el hermano de María y Marta. Un capítulo más tarde, María le dio al Señor su posesión más valiosa.

¿Es posible que los eventos del capítulo 11 le hubieran dado a María un nuevo punto de vista? ¿Podría ser que los valores y prioridades de María hubieran cambiado al tener que sepultar a su amado hermano, saber que estuvo en la tumba por cuatro días y luego ver que Jesús, con sólo decirlo, lo volvió a la vida? Quizá después de eso las posesiones materiales ya no parecían tan valiosas.

El dar un pequeño vistazo a lo que Jesús puede hacer por las personas que amamos, puede cambiarnos.

Quizá nuestra perspectiva también necesita cambiar. Después de todo, si conoce a Jesús, también ha sido levantado de entre los muertos.

Pero Dios, que es rico en misericordia, por su gran amor con que nos amó, aún estando nosotros muertos en pecados, nos dio vida juntamente con Cristo (por gracia sois salvos). Juntamente con él nos resucitó, y asimismo nos hizo sentar en los lugares celestiales con Cristo Jesús.

—EFESIOS 2:4–6, RVR1995

¿No deberíamos tener la misma perspectiva que tuvo María? Fíjese, que un corazón generoso surge de un corazón agradecido. Los Evangelios de Mateo y Marcos también relatan el regalo extravagante de María. De hecho, ellos narran que María derramó aceite en la cabeza y en los pies de Jesús. Además, Marcos presenta unas palabras de Jesús que no se mencionan en el Evangelio de Juan. Después que Judas se quejó del "desperdicio" del aceite tan valioso, Jesús respondió diciendo:

Esta ha hecho lo que podía, porque se ha anticipado a ungir mi cuerpo para la sepultura.

—Marcos 14:8

Si recuerda los detalles de la crucifixión, sabrá que el cuerpo de Jesús fue bajado de la cruz, justo antes que el Shabat empezara al atardecer. Lo que significa que tenían que envolver su cuerpo rápidamente y colocarlo en la tumba.

No había tiempo para ungir su cuerpo con los aceites y las especias aromáticas, como normalmente se hacía. De hecho, eso era lo que iban a hacer las mujeres tres días más tarde, cuando se encontraron con el ángel cerca de la tumba, el cual les dijo que Jesús había resucitado (vea Lucas 24:1–4).

Piénselo: la única persona que tuvo el privilegio de ungir el cuerpo de Jesús, antes de su sepultura, fue María. Ella no sabía lo que estaba haciendo hasta que Jesús dijo: "Se ha anticipado a ungir mi cuerpo para la sepultura" (Marcos 14:8).

A veces, cuando damos obediente y extravagantemente impulsados por el Espíritu, no tenemos idea de qué tan significativo es ese regalo. Pero Dios sí lo sabe. Dios tiene un propósito para cada regalo.

Cuando pienso acerca de esta verdad, me acuerdo de unos amigos míos. Hace treinta años, ellos estaban recién casados, profundamente enamorados y en total bancarrota, sin dinero, sin ahorros, sin nada.

Durante su primer año de matrimonio, mi amigo recibió en su trabajo un cheque de bonificación inesperada. Era la cantidad de dinero más grande que jamás habían visto. Para ellos, era una cantidad impresionante, especialmente porque no tenían nada.

Tan pronto como les pasó la alegría inicial, comenzaron a sentir que, a pesar de que tenían muchas necesidades y maneras de gastar el dinero, de alguna forma, el dinero no era para ellos. (Estas personas tienen corazones muy generosos.)

Fueron con el pastor de su iglesia y le dijeron: "No sabemos específicamente para quién o para qué es esto pero queremos darle este dinero". Entonces el pastor les contestó: "Ayer conocí una viuda, que viene a nuestra iglesia, y me enteré que le van a quitar su casa si no paga cierta cantidad de dinero. La cantidad total que ella necesita, hasta el último centavo, es la de este cheque".

Dios tiene un propósito para cada regalo.

Recompensas inevitables

Hay algo más que quiero que sepa sobre la generosidad: ésta tiene recompensa.

De acuerdo a Mateo 26, Jesús hizo un interesante comentario después de escuchar a Judas quejarse que María era extravagante:

Al darse cuenta Jesús, les dijo: "¿Por qué molestáis a esta mujer? Lo que ha hecho conmigo es una buena obra, porque siempre tendréis pobres con vosotros, pero a mí no siempre me tendréis, pues al derramar este perfume sobre mi cuerpo, lo ha hecho a fin de prepararme para la sepultura. De cierto os digo que dondequiera que se predique este evangelio, en todo el mundo, también se contará lo que ésta ha hecho, para memoria de ella.

—VERSÍCULOS 10–13, RVR1995, ÉNFASIS AÑADIDO

Cuando María se le acercó a Jesús para ungirlo con aceite, dudo que se estuviera diciendo a sí misma: "estoy segura que esto me va a hacer famosa. ¡La gente hablará de esto por años!" Ella sólo estaba pensando en dar y en cuánto quería demostrar su amor por Jesús. La generosidad no se da para recibir, pero Dios siempre recompensa la generosidad. Si usted da, Dios lo va a bendecir. No hay poder en la tierra que pueda detenerlo. Lo siento mucho, si esto le molesta. Va a tener que aceptarlo. Yo sé que está dando por dar. Sé que no da para recibir. Sin embargo, las bendiciones vienen como resultado del dar. Así son las cosas. ¡No se puede librar de ellas!

Si lo hiciera de otra manera, Dios estaría violando su propia naturaleza. A Dios le encanta recompensar. Pudimos verlo en Hebreos 11. Como todo buen padre, Dios quiere recompensar a sus hijos.

¿Se acuerda de mi amigo que ya sabía de los tres niveles del dar antes de que yo pudiera decírselos? Una tarde hace varios años, él estaba repasando sus cuentas y finanzas. Como muchas personas, utiliza una computadora para verificar sus gastos y saldos. Cuando pagó todas sus cuentas, se dio cuenta que todavía le quedaba un saldo bastante saludable, a su favor, en la chequera. Con un corazón lleno de agradecimiento, oró diciendo: "Padre, en verdad me has bendecido. Es sorprendente que yo tenga tanto dinero en mi cuenta de cheques. Gracias". Eso le despertó la curiosidad acerca de cuánto dinero tenía en sus otras cuentas.

Así que revisó su cuenta de ahorros y notó que también tenía un saldo muy grande. Y una vez más dijo: "Señor has sido tan bondadoso. Tus bendiciones son increíbles. Gracias".

Y esto le hizo pensar en cuánto dinero tendría en total. Entonces buscó su cuenta de inversiones y su cuenta de ahorros para el retiro. Luego, sumó todas las cantidades y obtuvo un número.

Cuando se fue a acostar esa noche, él sabía exactamente cuánto era lo que tenía y era una cantidad sorprendente de dinero. Se durmió con el corazón lleno de gratitud y asombro.

A la mañana siguiente, mientras oraba, escuchó la voz del Señor preguntándole: "¿Cuánto dinero tienes?". Mi amigo pensó de inmediato: "Ay, estoy en problemas. Nunca debí haber sumado todas las cuentas. ¡El rey David también se metió en problemas por contar su dinero!". Claro que él sabía cuánto dinero tenía, hasta el último centavo. La noche anterior se había pasado un buen rato sumando. Y aunque lo sabía, intentó hacerse el ignorante. "Bueno... Señor... este... ¿Qué quieres decir? ¿Quieres saber cuánto tengo en mi billetera?". Y escuchó de nuevo la pregunta: "¿Cuánto dinero tienes?". Y mi amigo respondió, "¿Quieres saber cuánto dinero tengo en mi cuenta de cheques? ¿A eso te refieres?" Y de nuevo oyó: "¿Cuánto dinero tienes?"

Finalmente, mi amigo dijo: "Señor, tú sabes que anoche lo conté todo. Esto es lo que tengo". Y le dijo la cantidad. Luego el Señor le preguntó: "¿Me lo darías?".

Mi amigo me dijo que en ese instante tuvo un momento de incredulidad. "Esto no puede estar pasando. Es increíble. ¿Dios me está pidiendo que le dé el dinero que me tomó 20 años acumular?". Pero entonces recordando, tal como lo hace la gente que tiene el don de dar, que sabe que todo le pertenece a Dios, sintió que dentro de él crecía un sentimiento inmenso de gozo y emoción. Era algo indescriptible. "Señor," respondió mi amigo, "Me encantaría dártelo". Y así lo hizo. El regaló todo el dinero que tenía, según el Señor le iba indicando.

Durante los siguientes doce meses, Dios bendijo sus negocios de una manera que él jamás había visto. Un año después de haber dado todo lo que tenía, este caballero tenía más de lo que había dado. En ese año, acumuló más de lo que había obtenido en 20 años ahorrando y trabajando fuertemente. No sólo tenía dinero en todas sus cuentas, sino que todas eran más de lo que tenía antes. Lo que le tomó 20 años para lograr, Dios lo hizo en sólo un año. La generosidad, para Dios, siempre es recompensada.

Cuando usted da extravagantemente

Permítame cerrar el capítulo diciéndole lo que casi siempre sucede cuando el Espíritu de Dios le habla acerca de una ofrenda o regalo extravagante.

Lo primero que hay que hacer, para darle una ofrenda extravagante al Señor, es escuchar. Usted no da ofrendas extravagantes de sus propios pensamientos o planificación. Necesita escuchar a Dios.

El escuchar a Dios no es difícil o complicado. El Espíritu quiere que usted siempre conozca la voluntad y los caminos de Dios. Dios siempre está hablando. Es raro que la voz del Espíritu Santo sea fuerte o estruendosa. Generalmente, es una impresión muy suave. Y, francamente, usted puede ignorarla.

En la segunda fase *sentimos emoción*. Una vez que Dios le ha hablado acerca de una ofrenda extravagante, es natural que se emocione mucho. Sin embargo, esta emoción no dura para siempre.

Y esto casi siempre da paso a lo tercero que sentimos: *el temor*. Así como mi amigo, usted tendrá pensamientos que le dirán: *"¡Esto es una locura! ¡Esto es absolutamente una locura!"*. El hecho es que casi todo en la vida cristiana parece una locura para la mente natural.

Después del temor, viene la cuarta fase en el dar una ofrenda extravagante: *la lógica*. En esta fase, empezará a pensar en un sin número de razones por las cuales no deberá hacer lo que Dios le dijo. Pensará en muchos planes y programas alternativos.

¿Cree usted que Abraham tuvo que luchar con la lógica cuando Dios le pidió que ofreciera a su hijo Isaac? ¿Cree usted que la lógica le dijo una o dos cosas a Pedro antes de que se bajara del bote para caminar sobre el mar?

No estoy diciendo que la lógica sea incorrecta. Estoy diciendo que si la lógica dice una cosa y la voz de Dios otra, la voz de Dios debe ganar.

Siempre, después de la lógica, vienen *las dudas.* ¿Realmente escuché a Dios correctamente? Quizás fue solamente mi demasiada activa imaginación. ¡¿Qué tal si era el diablo?!

El diablo siempre exagera la jugada, porque en ese instante, usted puede preguntarse: *¿Querrá el diablo que yo dé dinero para que se predique el Evangelio y más personas acepten a Jesucristo como su Salvador personal? No, no lo creo.* Es entonces cuando se mueve a la fase final para dar una ofrenda extravagante: el tener *fe.* Una vez que regresa a la fe, también regresa la emoción. Y es entonces cuando puede obedecer y continuar.

Hágase esta pregunta: *¿Soy generoso, o es el egoísmo la fuerza que todavía domina mi corazón?*

¿Cuánto de usted, tiene Dios? ¿se ha entregado completamente a Él? ¿Es Dios dueño de sus sueños, de sus deseos, de sus posesiones?

Dios quiere obrar en nuestros corazones. Él quiere que seamos generosos.

Capítulo 12

RESULTADOS FINANCIEROS GARANTIZADOS

H ASTA ESTE PUNTO, he presentado algunas de las verdades bíblicas que son clave acerca del dar, de la administración de las finanzas y de lo que en verdad significa vivir una vida llena de bendiciones. He reafirmado estas verdades con muchos testimonios (míos y de otros) que presentan estos principios en una forma muy real.

En este capítulo, quiero enseñarle cómo es que esas verdades, aplicándose fielmente, le producirán resultados financieros garantizados. Escuchó correctamente, dije: "resultados financieros garantizados". Escogí estas palabras cuidadosamente y de forma intencional.

Por supuesto, en el sistema económico del mundo no hay tal cosa como resultados garantizados. Por ley, está requerido en los Estados Unidos, que los anuncios que presentan oportunidades de inversión, indiquen que las acciones o resultados anteriores no son indicadores de los resultados futuros.

Sin embargo, le puedo decir con certeza, que si aplica los principios que he presentado en estos capítulos, obtendrá resultados financieros sorprendentes ¡garantizados!

La razón por la cual puedo decir esto es porque Dios es fiel. Sus acciones o resultados anteriores sí son indicadores de los resultados futuros. Como hemos visto repetidamente, siempre que el pueblo de Dios le es obediente y fiel, Dios lo bendice.

Quiero recordarle la verdad central de este libro. El dar es importante porque hace un trabajo sobrenatural en nuestros corazones y es eso lo que Dios busca, nuestros corazones. Dios no está buscando nuestro dinero. No lo necesita. Pero nuestro tesoro está atado a nuestros corazones. Así que, Dios va *a través* de nuestro tesoro para llegar a nuestros corazones. Por esto, puedo prometerle "resultados financieros garantizados". Cuando usted da, con un corazón transformado por Dios, los resultados están garantizados. Dios respalda su palabra.

Dios no es un hombre que nos va a mentir. Sencillamente, Él no puede mentir sin violar su naturaleza, siempre dice la verdad. Cuando Dios hace una promesa, la cumplirá; conforme nosotros cumplamos las condiciones de esa promesa. Un ejemplo de una promesa con una condición es la siguiente: "Y todo aquél que invoque el nombre del Señor, será salvo" (Hechos 2:21; vea también Joel 2:32). La salvación es una promesa que Dios cumple fielmente a cualquiera que cumple con la condición de esa promesa: invocar el nombre del Señor.

Podemos encontrar otra promesa con condición, en 2 Crónicas 16:

> *Pues el Señor está atento a lo que ocurre en todo el mundo, para dar fuerza a los que confían sinceramente en Él.*
>
> —v. 9, dhh

En otras palabras, Dios anda buscando y buscando corazones generosos, corazones a los que Él sabe que puede confiarles riquezas y recursos.

Dios tiene todos los recursos del universo a su disposición. A la misma vez, Él ve gente pobre que necesita ser alimentada, misioneros deseosos que necesitan ser equipados y enviados a evangelizar y templos que necesitan ser construidos. Es por eso que sus ojos contemplan todo el mundo buscando administradores con corazones fieles; a través de los cuales, Él pueda canalizar millones de dólares para su Reino.

¿Tiene usted un corazón así? Puedo asegurarle que si usted se convierte en un medio por el cual Dios pueda canalizar sus fondos para ayudar a otros, Él se encargará de usted y de su familia.

Tal como acabamos de leer, Dios está buscando individuos con este don para apoyarlos abundantemente.

Dios está buscando nuestro corazón y la evidencia que nuestros corazones le pertenecen es la siguiente: damos simplemente por dar y no porque queremos recibir; damos porque queremos bendecir y ayudar a la gente y engrandecer el Reino de Dios. Éste es nuestro motivo principal en dar, en vez de esperar una recompensa.

CUANDO DAMOS SIN PENSAR SI RECIBIREMOS O NO, ENTONCES RECIBIMOS.

Por supuesto, las recompensas llegan. Hemos visto esta verdad a lo largo de las Escrituras y en todos los testimonios bíblicos que le he compartido. Cuando damos porque nuestro corazón ha sido transformado, Dios nos va a bendecir para que podamos dar aún más. A los buenos administradores se les confía más. Los sirvientes fieles reciben riquezas verdaderas.

Sé que parece contradictorio. Esta es la gran contradicción de vivir una vida llena de bendiciones: Cuando damos sin pensar si recibiremos o no, entonces recibimos (medida buena, apretada, remecida y rebosante [Lucas 6:38]). En otras palabras, cuando nuestro motivo para dar es el correcto, Dios recompensará nuestro donativo.

Esta es una verdad vital que he visto que no se incluye en muchas de las enseñanzas acerca del dar. Todo lo que escuchamos es "da y Dios te bendecirá". Pero, ¿cómo están nuestros corazones?

¿Y el egoísmo? ¿Y la envidia? ¿No está Dios tratando de quitar esas cosas de nuestras vidas? Absolutamente.

Cuando llegamos a un punto en que decimos: "Señor, yo sólo quiero dar porque te amo". Dios nos responde diciendo lo mismo: "Yo te doy y te bendigo porque has demostrado que puedo confiarte mis recursos".

Es como el juego que jugábamos cuando éramos niños, que en algunos países se llama "corre que te pillo". Parecía que siempre me tocaba a mí correr para alcanzar y tocar o pillar a los otros. Corría y corría detrás de un amiguito hasta alcanzarlo. Y en cuanto yo lo tocaba, él se volteaba y me devolvía el toque y yo se la devolvía. Es por eso que yo siempre quería que se aplicara la regla de que no se podía tocar o pillar al que te acababa de tocar. Bien, cuando se trata de bendiciones y del dar, Dios nunca permite que se aplique esa regla. Podemos alegrarnos que a Él le encanta devolver "el toque". Cuando yo toco a Dios, Él me devuelve el toque inmediatamente.

Esta es una de las cosas que me encanta de la alabanza, porque cuando alabo a Dios, yo lo toco, y Él me devuelve el toque. Es lo mismo en el área del dar. Cuando doy con los sentimientos y motivos correctos, Dios me da de vuelta. Entonces tengo más para dar.

Dios quiere recompensarnos; de la misma forma como nosotros queremos recompensar a nuestros hijos cuando hacen lo correcto, con la actitud correcta. ¿Queremos ver una actitud de gentileza, amor y compasión en nuestros hijos?

La trampa en la que el enemigo quiere que caigamos es la de alabar las bendiciones en lugar de alabar al que bendice. Satanás quiere que nos enfoquemos en las bendiciones que Dios nos ha dado. Caemos en esa trampa cuando empezamos a buscar las bendiciones que vienen de la mano del Señor en vez de buscar su rostro. Nunca podemos permitir que las bendiciones se adueñen de nuestros corazones. Nuestros corazones tienen que ser enteramente de Dios.

Sin embargo, cuando damos con motivos puros y porque nuestro corazón le pertenece a Dios, Él nos recompensará inmediatamente y de forma abundante para que podamos seguir dando aún más. Es por eso que digo con confianza que los resultados financieros del dar están garantizados. Están respaldados por la fidelidad y el crédito de la Palabra de Dios.

Sí, estamos acumulando tesoros en el cielo, pero Dios también nos garantiza resultados financieros en la tierra cuando damos con un corazón puro. Dios es el único que puede revelarnos esto y es el único que verdaderamente puede obrar en nuestros corazones.

Dios puede cambiarnos de ser recibidores a ser dadores. Todos nacimos siendo recibidores pero al "nacer de nuevo" cambiamos a ser dadores. Ahora es nuestra responsabilidad renovar nuestra mente. Dios quiere que seamos generosos, gentiles, amables y compasivos. Cuando Dios hace esa obra en nuestro corazón—cuando empezamos a dar simplemente porque queremos hacerlo—entonces seremos recompensados para que podamos dar más al Reino de Dios.

Lo que Él diga

He compartido este mensaje en muchas iglesias a través de los años y recientemente, como pastor de la iglesia Gateway Church en Southlake, Texas, ha sido un privilegio compartir estas verdades con nuestros miembros. En muchos aspectos somos una iglesia joven. Mientras escribía la primera edición de este libro, sólo habían pasado cuatro años desde que tuvimos nuestro primer servicio. Desde entonces, el Señor ha aumentado dramáticamente el número de nuestros miembros. Hoy somos una de las iglesias más grandes en los EE. UU.

Una y otra vez he visto cómo las personas de nuestra iglesia llegan a comprender esta revelación. Dios cambia sus corazones; vienen al altar, con lágrimas y deseos de dar. Ellos vienen a dar en vez de venir a recibir. Ellos simplemente dan, y como resultado, Dios los bendice abundantemente.

Mientras preparaba y escribía este libro, nuestra iglesia había comenzado el proceso de construcción de nuestro primer edificio. Tuvimos un gran deseo de construir, y si fuera posible, sin adquirir ninguna deuda. Y así, como iglesia, designamos un fin de semana para hacer una "ofrenda milagrosa".

La llamamos una ofrenda milagrosa, no porque queríamos ver una cantidad milagrosa de dinero, sino porque queríamos que Dios hiciera un milagro en nuestros corazones. Nuestro equipo de pastores y líderes deseaban ver que Dios nos llevara a un nuevo nivel de generosidad y sacrificio. Queríamos empezar a ser dadores en vez de ser recibidores. El Señor nos dirigió para que designáramos esta ofrenda como una oportunidad para que Él hiciera esa clase de milagro en nuestros corazones.

Es por eso que le pedí a la congregación que dieran lo más que pudieran. Los motivé a que dieran una ofrenda extravagante al Señor, lo que enseñé en un capítulo anterior.

Cuando los Reyes Magos visitaron a Jesús, no trajeron regalos pequeños; trajeron regalos u ofrendas extravagantes porque querían adorar al Señor.

Yo sé que, como pastor, no estaba exento de este llamado a dar extravagantemente. Por el contrario, no había manera que yo esperara que la gente diera algo que yo mismo no estaba dispuesto a dar. Así que mi esposa y yo nos pusimos a orar para que Dios nos indicara la cantidad que debíamos de dar.

Una semana antes de la ofrenda milagrosa, el pastor Jimmy Evans de la iglesia Trinity Fellowship de Amarillo, Texas, predicó en nuestra iglesia. Trinity Fellowship había jugado un papel decisivo en la creación de nuestra iglesia y Dios había usado a Jimmy Evans poderosamente para que fuera mi mentor y un apóstol para nuestros miembros.

Ese fin de semana, Jimmy predicó un bellísimo mensaje titulado "Lo que María sabía acerca de los milagros". El pasaje bíblico que usó para el mensaje se encontraba en Juan 2, cuando Jesús hizo su primer milagro (el convertir el agua en vino) en presencia de su madre, María. El mensaje de Jimmy se concentró en las instrucciones que María le dio a los sirvientes de la boda: "Haced todo lo que Él os diga" (Juan 2:5, RVR1995).

Jimmy nos enseñó, acertadamente, que esa instrucción es la clave básica para recibir un milagro del Señor. Lo que Jesús le diga que haga ¡hágalo! Esto también se aplica a los milagros financieros. Cuándo se trata del dar, lo que Él le diga-hágalo. Si le dice: "Da $1,000 dólares," ¡hágalo! Si dice: "Da $100,000 dólares", ¡hágalo!

Jesús tomó lo que ellos tenían naturalmente (agua) y lo transformó en algo sobrenatural (vino milagroso). Eso es lo que Dios hace con nuestras finanzas. Toma lo que es natural y lo convierte en algo sobrenatural.

Lo que él le diga ¡hágalo! Esta es la clave. Básicamente, es el mismo principio que en un capítulo anterior describí como el principio de O.I. (Obediencia Instantánea). Tan pronto escuche a Dios decirlo ¡hágalo!

La semana siguiente, con el principio, establecido firmemente en nuestras mentes, de la transformación del agua en vino, en Caná, colocamos unos jarrones grandes al frente del santuario para que sirvieran de recipientes para las ofrendas.

Después de que prediqué ese día, **LO QUE JESÚS LE DIGA** observé cómo la gente venía al fren- **QUE HAGA, HÁGALO.** te para depositar, en esos jarrones, sus ofrendas extravagantes al Señor. Observé a muchas parejas y a personas solteras pararse frente a los jarrones y el santuario, y con lágrimas corriéndoles por la cara, oraban y consagraban sus ofrendas y sus vidas al Señor. Fue algo impresionante.

Observé a la gente mientras Dios cambiaba sus corazones. Vi cómo los lazos a las cosas temporales, quedaban destrozados cuando el pueblo de Dios invertía en lo eterno. Observé el gozo que rebosaba en el alma de las personas que acababan de recibir la revelación que podemos tener nuestro tesoro en el cielo en lugar de dejarlo en la tierra.

Vi a familias, de quienes yo sabía que estaban pasando por tiempos difíciles, acercarse al frente del santuario para decir, "Padre, en fe, vamos a reconocer que tú eres el Señor; y aún en esta situación, vamos a confiar en que harás un milagro en nuestra familia".

Después de ese increíble fin de semana, en las semanas y los meses que siguieron, continuaron llegando testimonio tras testimonio. Dios se mostró fiel, familia tras familia, al recompensar a los dadores alegres, generosos y agradecidos.

Y uno de los muchos testimonios que surgieron de ese fin de semana es el mío.

Una obra nueva en mi corazón

Aproximadamente un mes antes del fin de semana cuando tuvimos la ofrenda milagrosa, yo estaba predicando en la iglesia

Calvary Assembly de Orlando, Florida, la iglesia que en ese tiempo pastoreaba mi buen amigo, el pastor Clark Whitten. A la hora de las ofrendas esa noche, el pastor Clark Whitten se paró frente a la congregación y dijo: "Esta noche hay una bendición sobre esta ofrenda".

Yo conozco bien a Clark Whitten y sé que no hace esa clase de afirmación a la ligera o de manera manipuladora. Cuando dijo: "Esta noche hay una bendición sobre esta ofrenda", hablaba proféticamente, dirigido por el Espíritu de Dios, y yo lo sabía. Cuando lo escuché, dije entre mí: "Si hay una bendición, voy a dar todo lo que pueda. Quiero que el dinero que yo dé, sea bendecido, y que tenga un gran impacto en el Reino de Dios".

Mientras pensaba eso, oí que el Señor me dijo: "También hay una bendición sobre la ofrenda milagrosa que tu iglesia va a dar". En ese instante supe lo que el Señor quería que Debbie y yo hiciéramos. Quería que vaciáramos todas nuestras cuentas y que se las diéramos al Señor—cuenta de cheques, de ahorros, de inversión, hasta nuestra cuenta de ahorro para nuestra jubilación—todo.

Como he mencionado anteriormente, ha habido varias ocasiones cuando el Señor nos ha dirigido a dar esencialmente todo el dinero que teníamos, sin embargo, la mayoría de estas ocasiones fueron al comenzar nuestra vida matrimonial. No tengo la intención de minimizar lo que hicimos entonces. Cada vez se requirió un paso enorme de fe de nuestra parte. Pero como ya se habrá dado de cuenta, mientras envejecemos, los riesgos parecen mayores y las cosas se vuelven mas complicadas.

MUCHAS VECES, LAS BENDICIONES MÁS VALIOSAS Y DURADERAS SON AQUELLAS QUE NADIE PUEDE VER.

Yo sabía que Dios nos estaba dirigiendo; así que, mi respuesta inmediata no fue de temor o mala gana. Al contrario, sentí que mi corazón se llenaba de emoción. Claro, una cosa es que yo escuchara que Dios me dijera que diera hasta el último centavo que tuviéramos y era otra cosa, que mi esposa lo escuchara. Así es que hablé con Debbie y le dije: "Amor, creo que sé lo que el Señor quiere que demos en la ofrenda milagrosa". "¿Qué es?", me preguntó.

Así que le dije lo que el Señor había dicho. ¿Quiere saber la respuesta de mi esposa? "Creo que es la cosa más maravillosa que he escuchado en mucho tiempo". Esa fue la confirmación. Ella estaba tan emocionada como yo.

Varias semanas más tarde, llegó el momento de dar nuestra ofrenda. En la iglesia tenemos servicios los sábados por la noche al igual que los domingos por la mañana. La noche del sábado, del fin de semana de la ofrenda milagrosa, Debbie y yo nos acercamos a uno de los jarrones con un cheque que cubría todo lo que poseíamos. Habíamos liquidado todo. Lo colocamos en el jarrón de las ofrendas con gran emoción. Durante el transcurso de los años, hemos aprendido que cuando Dios te pide que hagas algo extraordinario es porque Él quiere hacer algo aún más extraordinario.

Durante el servicio de la mañana siguiente, el Señor me dijo algo que me tocó profundamente. De vez en cuando, cuando estoy predicando frente a la congregación, les pregunto: "¿Cuántos de ustedes prefieren estar aquí esta mañana en vez de estar en la cárcel?". Es una manera simpática de comenzar el servicio. Bueno, mientras cantábamos esa mañana, el Señor me hizo la misma pregunta, sólo que Él hablaba en serio. El Espíritu Santo me dijo: "¿Prefieres estar aquí en vez de estar en la cárcel?".

Entonces me hizo recordar el camino por la cual yo andaba antes que Jesús entrara a mi vida. No le entregué mi vida al Señor, sino hasta que cumplí 19 años de edad. Antes de ese día, yo estaba involucrado en muchas cosas malas. En ese momento, el Señor me enseñó la vida que yo llevaba antes de que Él entrara a mi corazón. Me recordó cariñosamente cuán bondadoso había sido conmigo. Mientras lo hacía, comencé a llorar. Lloré durante los cánticos de alabanza y hasta un poco antes de pararme a predicar. Cuando me paré a predicar, todavía estaba hecho un desastre.

He tratado de mostrarle en este libro, en todas las maneras que puedo, que Dios trabaja en nuestros corazones cuando damos. Ese fin de semana, una vez más, nuestra ofrenda extravagante abrió la puerta para que Dios hiciera un profundo trabajo de gratitud en mi corazón; y yo no cambiaría ese trabajo por todo el dinero del mundo.

Sí, Dios nos recompensa y nos bendice cuando damos. Pero muchas veces, las bendiciones más valiosas y duraderas son aquellas que nadie puede ver.

El resto de la historia

Menos de seis semanas después del día que Debbie y yo dimos el último centavo que teníamos, Dios, por su gracia, nos lo devolvió todo y hasta aún más. Piénselo: en 40 días, nos encontramos con más dinero de lo que habíamos dado en esa ofrenda. Fue algo sobrenatural. Dios garantiza los resultados financieros. Él es el único que puede hacerlo.

Dar cuando Dios nos lo indica, ayudar a la gente a que conozca el amor y la generosidad de Dios, mantener nuestro enfoque en Dios en vez de en nuestras propias cosas, ser generosos y permitir que Dios obre en nuestros corazones, son las claves para que nuestra jornada en esta vida sea una aventura llena de gozo y de propósito.

Estas son las claves para tener *una vida llena de bendiciones*.

LA PRIORIDAD DE DIOS PARA VIVIR UNA VIDA LLENA DE BENDICIONES

L A PRIORIDAD O el plan de Dios para vivir una vida llena de bendiciones, está revelado desde el libro de Génesis hasta el de Apocalipsis. Cada señal en el camino, nos guía hacia una nueva profundidad en la comprensión de cómo aplicar sus principios a nuestra vida cotidiana. Es en el tiempo determinado por Él y de acuerdo a su plan, cuando aprendemos a evitar las curvas y los baches en el camino que nos lleva hasta lo más alto de la montaña; hacia el cumplimiento del destino que Dios nos asignó.

Este proceso se desarrolla paso a paso, del mismo modo que un libro se escribe, un capítulo a la vez en inglés. Cada autor afirmará que un libro nunca está realmente terminado; en cuanto se imprime, ya ha recibido otra revelación que debería haber incluido. Eso es exactamente lo que sucedió cuando *Una vida de bendición se* publicó por primera vez en inglés. Por lo general, un autor conserva parte de sus conceptos para ponerlos en su próximo libro. Pero estoy firmemente convencido que es necesario añadir este epílogo a esta nueva edición de *Una vida de bendición.*

Un corazón para Israel

Comprender que Dios está interesado por el pueblo judío (como todo creyente debería estarlo) y que su prioridad tiene un orden preestablecido, es fundamental para la aplicación exitosa de los principios que se indican en este libro. Esto no es sólo para nuestra recompensa personal, sino para cumplir el propósito del

Reino de Dios en estos días críticos. Antes de continuar leyendo, quisiera que usted se pregunte: "¿Estoy interesado por el pueblo judío?". Sea honesto, porque se trata de un asunto de lo profundo de su corazón. Dios obró en mi corazón en una forma nueva y puede ser que Él también le pida a usted que cambie la actitud de su corazón, mientras continúa leyendo.

Permítame, quiero decirle de dónde ha surgido mi amor por Israel. Voy a compartir con ustedes lo que creo que Dios nos ha llamado a hacer.

Una mañana a principios de los años noventa, durante mi tiempo a solas con Dios, le pregunté a Él qué deseaba que yo leyera en la Biblia. Dios me dijo: "Salmo 122". Al leer el versículo 6, de repente me dijo: *Pide por la paz de Jerusalén*. En cuanto comencé a orar, me encontré orando por la Iglesia. Dios rápidamente me detuvo y me dijo: "No, te dije que pidas por Jerusalén, no es lo mismo".

Observe lo siguiente: una falsa doctrina llamada *teología del reemplazo* se ha introducido en la Iglesia, que afirma que la Iglesia ha reemplazado a Israel. Este engaño no es respaldado por la Escritura. Los creyentes en Cristo no han reemplazado a Israel. En lugar de ello, nosotros—como gentiles que creemos en Jesús— hemos sido injertados en la ciudadanía de Israel. *Ahora somos ciudadanos de Israel*. Esta verdad tiene implicaciones muy diferentes de la falsa enseñanza de la teología del reemplazo. Si no vemos esto claramente perdemos el significado de las maravillosas promesas de Dios hechas a su pueblo. Si Dios no va a cumplir sus promesas hechas al pueblo judío, ¿por qué tendría que cumplir las promesas hechas a nosotros? O Dios es un Dios que cumple Sus promesas o sencillamente no lo es.

Lea Jeremías, Ezequiel, Isaías, Romanos y Efesios, y comprenderá que hay una tierra y un pueblo llamado Israel, quienes fueron escogidos por Dios. No fueron elegidos porque eran especiales; Dios dijo: "Si el Señor los ha preferido y elegido a ustedes, no es porque ustedes sean la más grande de las naciones, ya que en realidad son la más pequeña de todas ellas" (Deuteronomio 7:7,

DHH). La nación de Israel es más pequeña que la isla de Cuba y Dios escogió esta pequeña nación por esta misma razón. Él sabía que si los más pequeños pueden convertirse en los más fuertes, entonces el resto del mundo sabría que su Dios es el Dios verdadero. Esto no significa que el pueblo judío sea más importante para Dios que otras personas, significa que son parte del plan de Dios en la historia, de la que somos parte hoy. Satanás entiende el plan y es la razón por la que ha tratado de convencer a la Iglesia para que odie al pueblo judío por cientos de años.

El plan de Dios es la razón por la que Él puso en mi corazón orar por la paz de Jerusalén. Él se interesa por el pueblo judío y Él desea que yo también lo esté. Esa mañana, cuando comencé a orar, una inmensa carga por el pueblo de Dios vino sobre mí como nunca antes había sentido. Fue totalmente inesperado.

Más tarde, ese mismo día, tuvimos una reunión de ancianos en la iglesia. En ese momento, yo era pastor asociado y anciano de la iglesia Shady Grove Church en Grand Prairie, Texas. Nuestras reuniones regulares usualmente comenzaban alrededor de las nueve de la mañana y finalizaban al mediodía, seguidas por un almuerzo con todos. Pero Dios tenía una agenda diferente e inesperada ese día. Durante nuestro tiempo de oración, alguien comenzó a orar por Israel y al igual que había sucedido anteriormente en la mañana, sentí una tremenda carga. Comencé a orar y luego otro líder, Wayne Wilks (quien desde entonces fundó el Instituto Bíblico Judío Mesiánico), compartió las Escrituras en Ezequiel, Isaías y Jeremías.

La reunión duró hasta las 5:00 p. m. ese día. No nos ocupamos de ningún otro asunto. Todo lo que hicimos fue leer la Biblia y orar por Israel. Fue verdaderamente "algo de Dios". Mi corazón fue transformado y mis ojos fueron abiertos.

Como creyentes, Dios siempre está revelándonos *nuevas* verdades. No son realmente nuevas—han estado en las Escrituras a lo largo de todos los tiempos—pero son nuevas para nosotros. Muchas personas experimentan esta iluminación dada por Dios cuando de repente entienden los dones del Espíritu o el bautismo en el Espíritu Santo o la liberación y la victoria sobre los enemigos. De la misma manera, una vez que sus ojos sean abiertos al profundo amor e interés de Dios por Israel, usted lo verá en toda la Escritura y comprenderá la forma en que esto está estrechamente relacionado a lo que Dios está haciendo en el mundo. Eso fue lo que me sucedió ese día. Entendí el plan de Dios.

Antes de esa reunión, nuestro liderazgo había estado orando por un plan divino para alcanzar a los musulmanes con el Evangelio. Mientras orábamos, Wayne nos mostró en Romanos 11:15 que cuando el pueblo judío acepte a su Mesías, se producirá un gran avivamiento mundial. Ezequiel 36:23 dice: "Cuando dé a conocer mi santidad entre ustedes, las naciones sabrán que yo soy el SEÑOR". La frase "las naciones a tu alrededor" aparece tres veces en ese capítulo, y al ver eso tomamos conciencia que las naciones alrededor de Israel, en su mayoría, son islamitas. Dios nos estaba dando la respuesta a nuestras oraciones para llegar a los musulmanes con el Evangelio.

El orden de Dios: "Primero al judío"

El primer año que empezamos la iglesia Gateway Church, comenzamos a ofrendar en primer lugar para la evangelización del pueblo judío, antes de dar a otros ministerios o misioneros. Esto era una prioridad para mí y lo compartí con nuestro pastor administrativo: "El primer día de cada mes, quiero que escriba un cheque a tal o cual ministerio judío. Quiero que lo haga el 1 de enero, 1 de febrero, 1 de marzo, 1 de abril, a través del año. Asegúrese de que el primer cheque que va a escribir cada mes no es a la compañía eléctrica, o incluso, para pagarle al personal de la iglesia, el primer cheque que se escribe es para el evangelismo al pueblo judío".

Como resultado de ello, Dios nos ha bendecido como iglesia de un modo sorprendente. Pagamos en efectivo por 14 acres de terreno cuando sólo teníamos 10 meses de vida como iglesia. Pagamos en efectivo por nuestro primer edificio. También hemos pagado en efectivo para la ampliación del edificio. Actualmente poseemos

190 acres junto a una autopista, a 10 minutos al oeste del Aeropuerto Internacional de Dallas/Fort Worth. Dios nos ha bendecido con muchos recursos y creo que es porque lo estamos haciendo a su manera, ofrendándole al pueblo judío en primer lugar.

Contamos con un pastor judío mesiánico en nuestro equipo pastoral y celebramos un servicio judío mesiánico el primer viernes de cada mes. Tenemos tres servicios regulares, en la noche, cada sábado y tres el domingo por la mañana; pero el primer servicio que tenemos cada mes es para el pueblo judío. ¡Somos radicales en cuanto a esto!

Hemos puesto las prioridades de Dios en primer lugar y creo que esa es la razón por la cual la bendición de Dios está con nosotros. Dios puso en nuestros corazones desde hace mucho tiempo el llevar el Evangelio "primero al judío" (vea Romanos 1:16). Nos interesamos por el pueblo judío y nos interesamos por el orden de Dios; y Dios ha bendecido a la iglesia Gateway Church por esto. Él ha derramado enormes recursos en nuestras manos porque lo estamos haciendo a su manera.

Dios es un Dios de orden. Dios no piensa que su orden es el "camino correcto" o la "mejor manera"; ¡Él piensa que es la única manera! Y eso es lo que Él bendice. Si quiere ser bendecido, hágalo a su manera. Él tiene un orden y una forma en que debemos enfocar ciertas cosas y Él quiere que su orden sea cumplido. En el Antiguo Testamento, leemos que Él tenía un orden para armar el Tabernáculo. Él tenía un orden para el servicio en el Templo. Tenía un orden para preparar y comer los alimentos. Él tenía un orden para ofrecer los sacrificios, las oraciones y el culto. ¿No cree usted que Dios tiene también un orden para el Evangelismo mundial?

Antes de continuar, usted debe entender que Dios opera en los opuestos. Su plan es siempre lo opuesto al nuestro. Si alguien le hace daño, usted planea devolverle el mal. Va planeando la conversación en su mente y qué es exactamente lo que le va a decir a él. De acuerdo con Dios, toda esa planificación es energía y tiempo perdido. Porque su plan—lo contrario al suyo—es que usted perdone a su agresor, que actúe como si nunca hubiera sucedido nada y que usted lo bendiga. La ley de los opuestos de Dios dice que si usted quiere tener autoridad, debe estar bajo autoridad. Si desea recibir, usted debe dar. Si quiere ser el primero, debe ser el último. Si usted quiere vivir, debe morir a sí mismo. Veamos cómo la ley de los opuestos se aplica a la evangelización.

El engaño del enemigo ha convencido a muchas personas en la Iglesia de pensar que si quieren alcanzar con el Evangelio, por ejemplo a los musulmanes, necesitan odiar a los judíos, porque el Islam radical odia a los judíos. Pero, ¿sabe usted lo que la ley de los opuestos de Dios dice? Si quiere llegar a los musulmanes, ¡debe *amar* a los judíos! Sé que es el plan de Dios porque está escrito en las Escrituras-¡y porque es opuesto al plan que yo hubiera creado! Esto no tiene sentido común para muchos. Pero la Palabra de Dios dice que la manera de amar y llevar el Evangelio al mundo, consiste en amar y llevar el Evangelio al pueblo judío.

¿Se recuerda de Ezequiel 36 y Romanos 11:14-15? A medida que Dios revele Su santidad a través del pueblo judío, las naciones alrededor de Israel se entregarán a Él.

Muchos pastores citan Romanos 1:16, pero sólo citan la primera parte: "No me avergüenzo del evangelio, porque es poder de Dios para salvación de todo aquel que cree". Y terminan allí. ¡Pero no es allí donde el apóstol Pablo se detuvo! Él continuó escribiendo: "al judío primeramente y también al griego".

Dios bendecirá a cualquier iglesia o persona que lleve el Evangelio al mundo, porque Él desea que todo el mundo sea salvo. La Biblia dice: "¡Cuán hermosos son los pies de los que anuncian la paz, de los que anuncian buenas nuevas!" (Romanos 10:15). Esa palabra "hermosos" significa "en el tiempo perfecto", como una flor primaveral en pleno florecimiento. Esto es lo que Dios está diciendo: Aquellos que traen buenas noticias siempre caminan en el tiempo perfecto.

Cuando usted camina en el Espíritu y vive su vida llevando el Evangelio a cualquier persona, suceden "coincidencias divinas" a su alrededor todo el tiempo.

Dios bendice a aquellos que comparten el Evangelio, es cierto. Pero la completa verdad de la Palabra es que Dios bendice a los que llevan el Evangelio "al judío en primer lugar y también al griego" (a los gentiles o no judíos.) Es como el pago del diezmo: si usted da la primera parte de sus ingresos al Señor, el resto es bendecido. Si usted da la primera parte de sus esfuerzos de evangelización al pueblo judío, el resto es bendecido. Es el orden de Dios.

Jesús siguió el orden de Dios durante su ministerio terrenal. Él dijo: "No soy enviado sino a las ovejas perdidas de la casa de Israel" (Mateo 15:24). El llevó primero el Evangelio a los judíos. De la misma manera, los apóstoles fueron enviados por el Espíritu Santo diciéndoles: "Predicaron la palabra de Dios en las sinagogas de los judíos" (véa Hechos 13:1–5, 14; Hechos 14:1; Hechos 17:10).

En Hechos 18:5–8, leemos que Pablo le predicó a los judíos y se enojó cuando se opusieron a él y cuando lo maldijeron. Una interpretación errónea de este incidente ha llevado a algunos en la iglesia a caer en el error de creer que Pablo cambió su ministerio dirigiéndolo a los gentiles solamente. Sí, Pablo se enojó y sí fue llamado a predicar a los gentiles, pero ni su enojo ni su llamado lo detuvieron de predicarle "al judío primero".

En Hechos 18:7–8 leemos que Pablo compró una casa a lado de la sinagoga y se ganó el líder de la sinagoga para el Señor. En Hechos 18:19 y 19:8, vemos que Pablo fue a la sinagoga a predicar. Pablo sabía el orden de Dios para predicarle "al judío primeramente". Dios quiere que todo el mundo acepte a Jesucristo como su Salvador personal, pero su orden para evangelizar al mundo demanda que se comience con el pueblo judío. Entonces el resto de nuestro evangelismo mundial será bendecido.

El próximo avivamiento

¿Está interesado Dios por el pueblo judío? Pablo responde a esta importante pregunta en Romanos 11:

Ahora pregunto: ¿Será que Dios ha rechazado a su pueblo? ¡Claro que no! Yo mismo soy israelita, descendiente de Abraham y de la tribu de Benjamín (v. 1.) Ahora pregunto: ¿Será que los judíos, al tropezar, cayeron por completo? ¡De ninguna manera! Al contrario, al desobedecer los judíos, los otros han podido alcanzar la salvación, para que los israelitas se pongan celosos. Así que, si el tropiezo y el fracaso de los judíos han servido para enriquecer al mundo, a los que no son judíos, ¡ya podemos imaginarnos lo que será su plena restauración! (ver. 11–12)... Pues si el rechazo de los judíos ha traído al mundo la reconciliación con Dios, ¿qué no traerá el que sean aceptados? ¡Nada menos que vida para los que estaban muertos!.

—v. 15, DHH

Si el alejamiento de los judíos fue salvación y bendición para los gentiles, ¿cuánto más lo será su regreso? Su aceptación será "vida para los que estaban muertos", que es otra manera de decir "resurrección de los muertos". ¿Y qué significa en las Escrituras cuando se refiere a "la resurrección de los muertos"? ¡La segunda venida de Cristo! Se aproxima el día en que Israel aceptará a su Mesías antes de que llegue el final. Jesús profetizó acerca de esto en Mateo 23:37–39:

¡Jerusalén, Jerusalén, que matas a los profetas y apedreas a los mensajeros que Dios te envía! ¡Cuántas veces quise juntar a tus hijos, como la gallina junta sus pollitos bajo las alas, pero no quisiste! Pues miren, el hogar de ustedes va a quedar abandonado; y les digo que, a partir de este momento, no volverán a verme hasta que digan: "¡Bendito el que viene en el nombre del Señor!".

—DHH

Hay un avivamiento mundial que viene antes del fin del mundo. Déjeme decirle como comienza: el pueblo judío aceptando a su Mesías. Me encanta cómo la versión bíblica, en inglés, llamada EL MENSAJE, capta el entusiasmo de Pablo y la urgencia en el pasaje de Romanos 11:1, 11–12, 15:

> *La siguiente pregunta es: "¿Acaso están ellos fuera del conteo? ¿Están fuera de esto para siempre?" Y la respuesta es un no seguro. Irónicamente, cuando ellos se fueron, dejaron la puerta abierta y los de afuera entraron. Pero lo siguiente que sabemos es que los judíos comenzaron a preguntarse si tal vez habían salido de una cosa buena. Ahora, si su salida liberó este ingreso mundial de no judíos alejados del Reino de Dios, ¡imagínense el efecto de su regreso! ¡Qué regreso a casa!*
>
> *Pero no quiero seguir refiriéndome a ellos. Es usted, el "de afuera", quien me preocupa ahora. Debido a que la tarea que me ha sido asignada se enfoca en los llamados "de afuera", hago, lo más que puedo, cuando estoy entre mis parientes israelitas, llamados "los de adentro"; con la esperanza que se den cuenta de lo que están perdiendo y quieran incluirse en lo que Dios está haciendo. Si su caída inició este reencuentro mundial, su salvación va a provocar algo aún mejor: ¡el regreso de miles! Si lo primero que hicieron los judíos, a pesar que no hicieron lo correcto, resultó en algo bueno para usted, bien, piense lo que va a pasar cuando hagan ¡lo correcto!*

¡Vaya! ¿No es emocionante pensar cómo será ese día? ¿Puede imaginarse cuánto cambiará el mundo? Desde el día en que se abrieron mis ojos y mi corazón recibió esta carga de orar por Jerusalén, he tenido una palabra profética: un día Dios me usará para llegar a los musulmanes y las paredes del Islam se caerán, como ocurrió con el muro de Berlín, *en un día*. Creo que el muro que mantiene a los musulmanes en opresión y engaño se caerá, al igual que cayó el muro de opresión del comunismo en el este de Alemania: ¡*en un día*! Esto puede parecer como una expresión de deseo, ¡pero nadie creía tampoco que esto podría ocurrir en Alemania, o en Polonia, o Checoslovaquia, o la antigua Unión Soviética!

Satanás sabe que para que se produzca este cambio mundial, el pueblo judío tiene que aceptar a Jesús como su Salvador; por esta razón, él ha hecho todo lo posible para llenar a la Iglesia de odio hacia los judíos. El pueblo judío ha sufrido persecución por cientos de años, no en mano de los musulmanes (que no comenzó sino hasta 1920), sino en manos de la Iglesia. La Iglesia ha quemado casas judías, las mujeres judías han sido violadas y padres judíos han sido asesinados después que les hicieran cavar sus propias tumbas. La Iglesia, con sus cruces sobre su pecho, torturaban a los judíos mientras les gritaban: "Esto es por lo que le hicieron a nuestro Señor". Muchas personas judías le tienen más miedo a una cruz que a una esvástica (una cruz que tiene cuatro brazos doblados, tomada por Hitler como su emblema nacional), debido a la cruel historia de persecución de parte de la Iglesia.

En la última generación, sin embargo, Dios ha despertado los corazones de los creyentes. Hemos comenzado a amar a Israel al ver que Dios todavía tiene un plan para ellos. Más judíos han aceptado a Jesús en los últimos 40 años que en los previos 1960 años. Judíos alrededor de todo el mundo están aceptando a Jesús como su Salvador. Frecuentemente, en el servicio mesiánico de nuestra iglesia, Gateway Church, hay judíos que aceptan a Cristo como su Salvador. Esto era algo muy desconocido hasta hace unas pocas décadas. El avivamiento ha comenzado.

Pero he aquí la última mentira de Satanás: Él le está diciendo a la Iglesia que los judíos no necesitan aceptar a Cristo, que ellos van a ser salvos (vendrán al conocimiento del amor y perdón de Dios en una relación personal e íntima con Él) de todos modos. Se están publicando libros que promueven esta mentira y algunos maestros muy conocidos de la Biblia la están enseñando.

Estoy convencido que Israel será salvo, pero solamente a través de Jesucristo. Jesús miró a un líder judío llamado Nicodemo y le dijo: "De cierto, de cierto te digo que el que no nace de agua y del Espíritu no puede entrar en el Reino de Dios. Lo que nace de la carne, carne es; y lo que nace del Espíritu, espíritu es. No te maravilles de que te dije: 'Te es necesario nacer de nuevo'" (Juan 3:5-7). Jesús le dijo a los apóstoles judíos: "Yo soy el camino, la verdad y la vida; nadie viene al Padre sino por mí" (Juan 14:6). El pueblo judío debe aceptar a Jesús como su Salvador. Satanás dice: "Tú los ofenderás". Bueno, yo prefiero ofenderlos temporalmente que, deliberadamente, enviarlos a una eternidad en el infierno.

Este año la iglesia Gateway Church regaló 3 millones de dólares para obras misioneras. De esa suma, 1 millón fue destinado para el evangelismo judío y 2 millones de dólares para el evangelismo a los gentiles. ¡No estoy diciendo que no debemos evangelizar el mundo! También apoyamos a las iglesias árabe-palestinas. Damos apoyo financiero en 36 países de todo el mundo. Estamos compartiendo el Evangelio con todos, pero el enfoque principal y primordial es al pueblo judío.

Este es el orden preestablecido por Dios. Cuando damos al pueblo judío en primer lugar, el resto es bendecido. Creo que esta es la razón por la cual Dios nos ha bendecido como iglesia; hace mucho tiempo tomamos la decisión de dar "al judío primeramente".

La casa del padre: Una Parábola

Después de un intercambio de preguntas y respuestas en una conferencia, un pastor se me acercó y preguntó: "¿Por qué su iglesia, Gateway Church, es tan bendecida?" Le respondí con lo primero que se me ocurrió.

A la mañana siguiente en mi tiempo de oración, el Señor me dijo, "¡Tu respuesta fue incorrecta!" "¿Cuál es la respuesta correcta, Señor? ¿Por qué Gateway es tan bendecida?"

Esto es lo que Dios me respondió en una parábola: Había un orfanato que tenía mil niños. El jefe del orfanato era un hombre insensible y malvado. Todos los niños eran horriblemente maltratados.

Había también un padre rico y amoroso que vivía cerca y él decidió adoptar a diez de los niños. Su plan era de bendecir tan grandemente a esos diez, que los otros novecientos noventa niños quisieran también ser adoptados por él.

Y eso fue exactamente lo que pasó. Muchos de esos novecientos noventa niños, aunque no todos, vieron que la vida podía ser maravillosa teniendo un padre amoroso, y algunos de ellos comenzaron a dirigirse hacia la casa del padre bueno.

Pero entonces ocurrió algo muy triste. Cuando muchos de esos novecientos noventa niños comenzaron a formar parte de la casa del padre, los diez niños adoptados inicialmente se pusieron celosos y se fueron.

Y entonces sucedió algo todavía más triste. Algunos de los recién adoptados, comenzaron a perseguir a los diez niños que se habían ido arrojándoles piedras e insultándolos, alejándolos más y más lejos de su hogar.

Entonces el Señor me dijo: "Un día, Robert, tú viniste a mí con lágrimas en tus ojos y me dijiste: 'Papá, tengo carga por esos diez niños que originalmente escogiste y que se fueron de la casa. Si te parece bien, yo quiero intentar traerlos de regreso'. Y fue entonces cuando busqué en mi bolsillo, tomé mi billetera, y te dije: '¿Cuánto necesitas?'".

Por eso es que la iglesia Gateway Church es tan bendecida. Somos bendecidos porque estamos llevando el Evangelio al mundo entero, pero lo estamos haciendo a la manera de Dios: "al judío primeramente".

Esta es mi pregunta para usted: ¿Cómo se siente acerca de los hijos de Dios que no están viviendo más en casa? ¿Qué le está diciendo el Espíritu Santo a su corazón acerca de lo que acaba de leer? Él podría responderle a usted mañana en su tiempo de quietud, o tal vez darle una respuesta más completa dentro de un mes, pero pienso que Él quiere encaminarlo a que siga su plan en este mismo momento.

Dios tiene un plan para usted y Él quiere que usted viva "una vida llena de bendiciones". Ahora que entendemos el orden de Dios, los principios presentados en los capítulos anteriores le darán a usted las herramientas para realizarlo.

Apéndice

GUÍA DE ESTUDIO

Capítulo 1

LA AVENTURA INESPERADA

Escritura clave

Deuteronomio 28:1–14

Conceptos claves

- Ser bendecido significa que un poder sobrenatural está actuando con usted.
- Los días de la persona bendecida están llenos de coincidencias divinas y de un sentido celestial.

Para profundizar

1. El pastor Robert nos cuenta una anécdota en la que Dios le reveló a la cajera de una gasolinera, que él (pastor Robert) era un evangelista y que ella debía de pagar su gasolina. Él dice que "la idea de que el Espíritu de Dios hable con alguien y le instruya a dar 'ha llegado a ser el centro de su ministerio y su caminar en el cristianismo'". En la escala del 1 al 10, ¿cómo calificaría su habilidad para escuchar a Dios?

2. En cada una de las historias, el pastor Robert nos cuenta la alegría que causa el dar vehículos, ofrendas especiales a misioneros y otros regalos. ¿Cuál ha sido la alegría más grande que usted ha experimentado al hacer un regalo?

3. Describa la diferencia entre las siguientes experiencias. ¿En cuál de los casos cree que debería dar?

    a. Dios le dice que dé.

    b. Su pastor o un voluntario con buena intención, le pide que dé una ofrenda a su iglesia o a otra causa justa.

    c. Un amigo o un pariente cristiano le pide dinero para una emergencia personal.

d. Un amigo o un pariente no cristiano le pide dinero para una emergencia personal.

_____

_____

_____

_____

_____

_____

_____

_____

_____

_____

_____

_____

_____

_____

_____

_____

Capítulo 2

DIOS DEBE SER PRIMERO

Escritura clave

Éxodo 13:12-13

Conceptos claves

- El dinero es una prueba de Dios.
- El diezmo es dar una ofrenda a Dios antes de saber si va a tener suficiente.
- ¿Le estoy robando a Dios?

Para profundizar

1. En los Estados Unidos tenemos un dicho: "El tiempo es dinero". ¿Está de acuerdo en que el principio de los primeros frutos debería ser aplicado a ambos, nuestro tiempo y nuestro dinero? Dé un ejemplo de cómo el aplicar ese principio cambiaría la forma en que usted usa su tiempo.

2. De acuerdo al pastor Robert, el principio de dar los primeros frutos significa "dar a Dios sin saber si va a tener suficiente". ¿Se siente cómodo con este tipo de ofrenda?

3. Proverbios 3:9-10 nos manda a: "honrar al Señor con nuestras posesiones". El pastor Robert dice que la forma principal en que lo hacemos es a través de dar nuestro diezmo y las ofrendas. ¿En qué otras formas podemos usar nuestras posesiones para honrar a Dios?

4. Satanás usa el miedo para evitar que seamos fieles en lo económico. ¿Qué puede hacer usted cuando Satanás le ataca con el temor a dar el diezmo? ¿Qué versículo bíblico puede memorizar y traer a su mente? ¿Qué cántico de alabanza y bendición puede cantar? ¿Tiene alguna persona cercana a quien le pueda pedir que ore por usted?

_____

_____

_____

_____

_____

_____

_____

_____

_____

_____

_____

_____

_____

_____

_____

_____

Capítulo 3

VIDA, NO LEY

Escritura clave

Mateo 6:1–34

Conceptos claves

- Acepta que somos administradores y no dueños.
- El diezmo bendice a Dios: y en retorno Él bendice al que da, creando un ciclo vertical de bendiciones y abundancia.
- El diezmo verdadero viene del corazón y no de una mente legalista.
- El diezmo no es ley… ¡es vida!
- El devorador ha sido ¡rechazado!
- La rectitud de la gracia siempre excede la rectitud de la ley.

Para profundizar

1. En el Sermón del Monte, vemos que Jesús usa la ley del Antiguo Testamento para imponer un estándar más elevado. En lugar de "no matarás", Jesús nos dice que ni siquiera debemos enojarnos con otros. ¿Cómo se aplica éste principio al pago del diezmo?

2. En Génesis 28, Dios le habla a Jacob en un sueño y le dice con detalle cómo lo va a bendecir. La respuesta de Jacob es alabar a Dios y prometerle que le entregará la décima parte de todo lo que se le dé. Haga una lista de todas las maneras en que Dios le ha bendecido. Tome un tiempo para alabar a Dios y darle gracias por lo que ha hecho y por lo que va a hacer en su vida. ¿Cómo nos ayudan el agradecimiento y la alabanza a preparar nuestros corazones para dar?

3. En Corintios 13:3, Pablo dice que aunque demos todo lo que poseemos al pobre, si no tenemos amor, no nos beneficia en nada. ¿Cómo se relaciona este verso con lo que el pastor Robert nos enseña sobre la importancia de dar con el corazón?

4. ¿Alguna vez ha participado en una recolecta de dinero la cual no sólo alcanzó la meta, sino que la sobrepasó? ¿Cuál fue el

efecto psicológico que este éxito causó en los miembros de la organización? Imagínese como se sentiría su pastor si las ofrendas de este domingo fueran mayores al presupuesto semanal. Como afectaría esto la actitud del pastor en la siguiente semana?

_____

_____

_____

_____

_____

_____

_____

_____

_____

_____

_____

_____

_____

_____

_____

Capítulo 4

DEL PRINCIPIO DE LA MULTIPLICACIÓN

Escritura clave

Lucas 9:12-17

Conceptos claves

- Para que algo pueda ser multiplicado, primero debe ser bendecido.
- Sólo lo que se da puede multiplicarse.

Para profundizar

1. ¿Está de acuerdo que la preocupación es nuestra forma de tratar de saber con anticipación como Dios nos va a ayudar? ¿Está Dios siempre ausente de la situación cuando se preocupa?

2. En Lucas 9:12-17, no sólo había lo suficiente para darle de comer a la multitud, sino que sobró mucho. Revise los siguientes pasajes y cómo se aplican a una mentalidad de abundancia. ¿Qué puede hacer para ayudarle a mantener una mentalidad de abundancia durante el día?

3. En la historia de las moneditas de la viuda (Lucas 21:1-4), Jesús sugiere que aunque ella únicamente dio dos monedas, dio más que los ricos que habían ido antes de ella. Explique cómo esta historia hace que su entendimiento del principio de la multiplicación crezca. ¿Qué beneficia más a la Iglesia: las ofrendas pequeñas, que la gente pobre da en mayor proporción a sus sueldos, o las ofrendas grandes, que la gente rica da en menor proporción a sus sueldos?

Capítulo 5

ROMPIENDO EL ESPÍRITU DE MAMÓN

Escrituras claves

Mateo 6:24; Deuteronomio 8:18

Conceptos claves

- El espíritu de Mamón dice: "Usted no necesita a Dios. Confíe en las riquezas".

- Avaricia, envidia y egoísmo son manifestaciones del espíritu de Mamón.

- La generosidad guiada por el Espíritu Santo disminuye el Reino de Satanás y al mismo tiempo hace que seamos más como nuestro Padre celestial.

- El dar no es un programa para hacerse rico rápidamente; es un reto para entregar su vida al Señor.

- El espíritu del orgullo dice: "La riqueza viene del trabajo duro". El espíritu de pobreza dice: "La riqueza viene del diablo".

Para profundizar

1. Mamón nos dice que el dinero es la respuesta para todo problema. A menudo usamos la expresión "tírale dinero al problema" para indicar que el dinero puede ser la solución sencilla a un problema, pero no siempre la mejor solución. Piense en ejemplos cuando el tener más dinero resultó en desengaño.

2. ¿Qué aspecto del dinero le da temor? ¿Se pone nervioso cuando piensa en su retiro? ¿Evita reconciliar la chequera? ¿Qué comportamiento tiene, que demuestra su temor al dinero?

3. El pastor Robert dice que el que da será bendecido. ¿Continuaría dando el diezmo y las ofrendas si su única recompensa fuera su salvación por medio de Jesucristo? Lea Hebreos 11:13 y considere cómo se podría aplicar.

4. El pastor Robert nos da varias señales de advertencia de que estamos mirando al hombre en lugar de a Dios como fuente de provisión. Comparta su reacción en las siguientes situaciones:

a. Ha sido un mes muy duro financieramente; y además, su auto necesita una reparación con la que no contaba.

b. Durante los últimos seis meses ha trabajado muy fuerte esperando una bonificación de su patrón. Sin embargo, un giro en la economía hace que resulte imposible que se lo dé.

c. Ha sido muy generoso con su iglesia y ha ahorrado cuidadosamente para su retiro, comprando acciones en su compañía. Por medio del periódico, se entera que, debido a mal manejo, el fondo de sus pensiones perdió valor por más de la mitad.

4. Cuando suceden estos fallos económicos, ¿cómo podemos buscar a Dios, en lugar del hombre, como nuestra provisión?

_____

_____

_____

_____

_____

_____

_____

_____

_____

_____

Capítulo 6

SE REQUIERE UN TRANSPLANTE DE CORAZÓN

Escrituras claves

> Lucas 6:38; Deuteronomio 5:29; Proverbios 16:2;
> Santiago 4:3; Deuteronomio 15:15

Conceptos claves

- Siempre recibimos más de lo que damos.
- Dios no quiere que tengamos la visión de recibir. Quiere que tengamos la visión de dar.
- Prácticamente todos recibimos con gusto. Dios quiere que demos con gusto.
- Un corazón bien enfocado se entusiasma más dando que recibiendo.
- El egoísmo nos puede atacar antes de dar, pero la pena nos puede atacar después que damos.
- Cuando somos agradecidos, somos generosos.
- Las actitudes hacia nuestras posesiones tienen una habilidad muy poderosa para exponer la verdadera naturaleza de nuestros corazones.

Para profundizar

1. El pastor Robert piensa que la clave para tener motivos correctos es la renovación de nuestra mente y comprender que los pensamientos egoístas no solamente son desagradables, sino que son maliciosos (Deuteronomio 15:9). El ser generoso y bondadoso, ¿es un acto de la voluntad, una cuestión de práctica, una disciplina espiritual o un acto de gracia?

2. Desarrolle tres estrategias que pueda utilizar por adelantado para prevenir el remordimiento cuando haga una ofrenda o un regalo.

3. Piense en una ocasión cuando perdió algún dinero. Quizás invirtiendo en la bolsa de valores, quizás cuando perdió su billetera o quizás hizo una mala compra. ¿Qué le enseñó esa experiencia sobre la importancia del dinero en su vida?

4. Explique cómo 1 Timoteo 6:5 (la condenación de Pablo hacia la gente que utiliza a Dios como un medio para hacerse rico) se puede aplicar a nuestro estudio de los motivos para dar.

_____

_____

_____

_____

_____

_____

_____

_____

_____

_____

_____

_____

_____

_____

Capítulo 7

HAGA LO CORRECTO

Escritura clave
   Mateo 6:21

Conceptos claves
- Paguen sus deudas.
- Nunca manipulen a otros.
- Den a otros.
- Dios siempre honra el hacer algo correctamente.
- Si va a vivir el estilo de vida de quien da, tendrá que hacer ajustes a su estilo de vida, para poder dar.
- "O.I". significa obediencia instantánea.

Para profundizar
1. Lea Deuteronomio 15:6 y 28:12. En ambos pasajes Dios revela su voluntad de que el pueblo de Israel preste dinero, pero que no pidan prestado. Algunos creyentes creen que está mal pedir dinero prestado, aún cuando sea una hipoteca para la casa. Según su punto de vista, ¿cuál es la posición bíblica equilibrada en esto?
2. A veces se le pide a parejas que van a consejería matrimonial que "actúen" como si en realidad se amaran, confiando en que los sentimientos de amor surgirán después. ¿Cree que si comienza a poner sus tesoros en las actividades de Dios (su iglesia local), su corazón vendrá después? ¿Qué va a hacer esta semana para ser obediente financieramente?
3. ¿Me puede dar un ejemplo cuando Dios puso a prueba su obediencia? ¿Cuál fue el resultado?

_____

_____

_____

Capítulo 8

EL DON DE DAR

Escritura clave

Romanos 12:6-8

Conceptos claves

- Dios le ha dado a individuos en su iglesia el don de dar.
- Dios le ha dado este don a aquellos quienes desean dar en grandes cantidades, si la visión es grande y digna de apoyar.
- La gente que cuenta con el don de dar puede sentir manipulación desde bien lejos.
- La gente con el don de dar, da por medio de la voz del Espíritu Santo.
- La riqueza puede ser una bendición de Dios y un producto de cosas tales como la diligencia y la generosidad.
- Las personas que cuentan con el don de dar son muy cautelosas con el uso de su dinero, pero también son muy generosas.
- Cuando esté con personas que tienen el don de dar, hable de lo que sea, menos del dinero.
- Las personas con el don de dar no quieren ser una curita. Ellas quieren ser las que sanan, o sea, quieren ser el remedio.

Para profundizar

1. El pastor Robert nos dice que la gente con el don de dar debe cuidarse de gente que es desagradecida, insensible y manipuladora. ¿Conoce a alguien así? ¿Cómo debemos responder cuando abusan de nosotros?

2. ¿Cree que el pasaje en Romanos, sobre el don de dar, es específico en el sentido financiero o es algo más que eso?

3. ¿Le ha pedido a Dios que le bendiga con el don de dar? ¿Es un don que le gustaría que sus hijos tuvieran?

4. El pastor Robert piensa que a menudo, la gente rica siente que no son bienvenidas en las iglesias. ¿Puede dar un ejemplo de

cómo se le ha hecho difícil tener una relación con alguien por causa de la riqueza (o la falta de ella)?

_____

_____

_____

_____

_____

_____

_____

_____

_____

_____

_____

_____

_____

Capítulo 9

DIOS RECOMPENSA LA BUENA ADMINISTRACIÓN

Escrituras claves

Hebreos 11:6; 1 Corintios 3:8

Conceptos claves

- Dios recompensa.
- Nuestra creencia determina dónde pasaremos la eternidad y nuestro comportamiento determina cómo pasaremos la eternidad.
- Nunca veremos que el poder milagroso de Dios sea dada a mal administradores.
- "Haga negocios (del Reino) hasta que yo venga" (Lucas 19:13).
- Los malos administradores pierden recursos. Los buenos administradores reciben más.
- Todos los días, Dios ve lo que compramos y el dinero que damos.
- No podemos ayudar a otros si no cuidamos lo que Dios nos ha dado.

Para profundizar

1. De acuerdo a la parábola de los talentos, Dios "nos ha entregado sus bienes". Nos ha dado habilidades naturales y dones espirituales los cuales debemos usar para su Reino. Haga una lista de las habilidades naturales y dones espirituales que Dios le ha dado. ¿Los usa para el Reino? Si no, ¿cuáles son los obstáculos?

2. ¿Está de acuerdo con el pastor Robert en que una mala administración financiera puede impedir que seamos eficientes en el Reino? Sabemos que Dios usa gente imperfecta para alcanzar sus propósitos, pero ¿puede dar un ejemplo del Antiguo o el Nuevo Testamento en el cual Dios elevó a una persona que era financieramente irresponsable?

3. Hablando sobre las consecuencias de una mala administración financiera, el pastor Robert da un ejemplo de la pareja que decidió comprar una parrilla nueva por $300, cuando tenían

muchas cuentas por pagar. Si en lugar de comprar la parrilla, se hubieran sentido llamados a regalar $300 a su iglesia y hubieran venido a usted para que le aconsejara, ¿qué le hubiera dicho? ¿Cree que es posible ser irresponsable cuando damos?

_____

_____

_____

_____

_____

_____

_____

_____

_____

_____

_____

_____

_____

_____

Capítulo 10

NECESIDAD, ENVIDIA O SEMILLA

Escritura clave

2 Corintios 9:6–11

Conceptos claves

- Al final, todo tiene que ver con el corazón.
- Dios es capaz.
- Toda gracia, abundancia y suficiencia son el resultado directo de la cosecha abundante de un corazón alegre.
- Todos somos probados al nivel de la suficiencia y de la abundancia.
- Crecimiento financiero es el resultado de una siembra abundante.
- Se cosecha después de sembrar.
- Tiene que comenzar donde está.

Para profundizar

1. ¿Cómo sabe en su corazón, cuánto es lo que debe dar?
2. El pastor Robert dice que la única forma de dar con alegría es si Dios está obrando en su corazón. ¿Qué puede hacer para que Dios realice una obra en su corazón?
3. 2 Corintios 9:10–11 sugiere una relación entre sembrar semilla y el poseer una cosecha de justicia. ¿Cree que nuestra habilidad para mostrar el fruto del Espíritu está unida a nuestra administración financiera? Explique su opinión.
4. ¿Cuál es la prueba de la necesidad? ¿Cuál es la prueba de la envidia? ¿Cuál es la prueba de la semilla?

_____

_____

_____

_____

_____

Capítulo 11

DIOS RECOMPENSA LA GENEROSIDAD

Escritura clave

Juan 12:1–8

Conceptos claves

- Dondequiera que encuentre generosidad, encontrará al egoísmo luchando por el control.
- Una persona egoísta siempre encontrará buenas razones para no ser generosa.
- El egoísmo siempre se cuida a sí mismo, culpando a alguien más.
- Frecuentemente seremos tentados en el área de nuestras debilidades.
- Dios quiere ayudarnos a convertir nuestras áreas de mayor fracaso en áreas de victoria.
- Las verdaderas riquezas son almas.
- La generosidad es extravagante.
- No es la cantidad que importa, sino el corazón.
- Dios tiene un propósito para cada donativo.

Para profundizar

1. Haga la pregunta fundamental que el pastor Robert plantea: ¿Es usted egoísta o generoso? ¿Cuál de las dos opciones rige su vida?

2. Jesús puso a Judas encargado de las ofrendas, siendo ésta el área de su debilidad. ¿Puede pensar en una situación semejante en su vida? Piense acerca de las áreas sobre las cuales usted tiene alguna responsabilidad. ¿Algunas de ellas son su debilidad?

3. Defina estos tres niveles de dar:
   a. Diezmos
   b. Ofrendas
   c. Ofrendas extravagantes

4. Si puede, dé un ejemplo personal, o de alguien que conozca, en el cual un donativo ayudó a su iglesia con una necesidad específica, pero el que dio, no tenía conocimiento de la necesidad.

_____

_____

_____

_____

_____

_____

_____

_____

_____

_____

_____

_____

_____

Capítulo 12

RESULTADOS FINANCIEROS GARANTIZADOS

Escritura clave

Juan 2:5

Conceptos claves

- Cuando toco a Dios, Él inmediatamente me toca.
- La trampa, en la cual el enemigo quiere atraparnos, es la de adorar las bendiciones en lugar de al que nos bendice.
- Todos nacimos queriendo recibir; cuando nacemos de nuevo en Cristo, queremos dar.
- Tan pronto oiga la voz de Dios, dígalo y hágalo.
- Cuando damos solamente por dar, los resultados son garantizados.

Para profundizar

1. ¿Por qué está buscando Dios corazones que sean totalmente de Él?

2. ¿Cómo puede dejar de buscar bendiciones que vienen de la mano de Dios y buscar más el rostro de Dios?

3. ¿Qué es lo que el pastor Robert identifica como claves para garantizar los resultados financieros?

Guía de estudio221

REFERENCIAS

Capítulo 2: Dios debe ser primero
1. Mike Hayes (conferencia, la Conferencia de Zión, iglesia Trinity Fellowship Church, Amarillo, Texas, enero 2000).

Capítulo 3: Vida, no ley
1. *The New Unger's Bible Dictionary* (Moody Press, 1988), s.v. "tenth" (décimo).
2. *International Standard Bible Encyclopedia* (Biblesoft, 1996), CD-ROM.
3. *The New Unger's Bible Dictionary* (Moody Press, 1988), s.v. "holy" (santo).

Capítulo 5: Romper el espíritu de mamón
1. *International Standard Bible Encyclopedia* (Biblesoft, 1996), CD-ROM.
2. Jimmy Evans, conversación telefónica con el autor.
3. *International Standard Bible Encyclopedia* (Biblesoft, 1996), CD-ROM.
4. *Ibíd.*

Capítulo 8: El don de dar
1. Origen no conocido.

Robert MORRIS

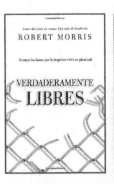

VERDADERAMENTE LIBRES

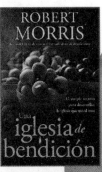

ROBERT MORRIS

Una iglesia de bendición

Robert y Debbie Morris

Un matrimonio de bendición

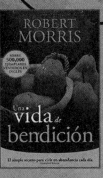

ROBERT MORRIS

Una vida de bendición

FRECUENCIA

ROBERT MORRIS

SINTONICE. ESCUCHE A DIOS.

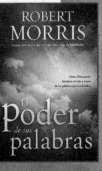

ROBERT MORRIS

El poder de sus palabras

DEL SUEÑO AL DESTINO

ROBERT MORRIS

ROBERT MORRIS

El Dios que nunca conocí

CASA CREACIÓN

Te invitamos a que visites nuestra página web, donde podrás apreciar la pasión por la publicación de libros y Biblias:

www.casacreacion.com

Para vivir la Palabra